东方·剑桥 世界历史文库
Orient & Cambridge World History Library

U0680385

A Concise History of South Africa

南非史

罗伯特·罗斯 著 沐越 译

中国出版集团
东方出版中心

图书在版编目（CIP）数据

南非史 / （ ）罗伯特·罗斯著；沐越译. －上海：
东方出版中心, 2020.8
（东方·剑桥世界历史文库）
ISBN 978-7-5473-1644-3

Ⅰ.①南… Ⅱ.①罗… ②沐… Ⅲ.①南非共和国－
历史 Ⅳ.①K478

中国版本图书馆CIP数据核字（2020）第086058号

上海市版权局著作权合同登记：图字09-2020-688号

南非史

著　　者　罗伯特·罗斯
译　　者　沐　越
责任编辑　赵　明
封面设计　罗　洪

出版发行　东方出版中心
地　　址　上海市仙霞路345号
邮政编码　200336
电　　话　021-62417400
印 刷 者　常熟市新骅印刷有限公司

开　　本　710mm×1000mm　1/16
印　　张　16
字　　数　168千字
版　　次　2020年8月第1版
印　　次　2020年8月第1次印刷
定　　价　58.00元

版权所有　侵权必究
如图书有印装质量问题，请寄回本社出版部调换或电话021-62597596联系。

恭　贺

纳尔逊·曼德拉走出监狱及引发的巨变

目 录 *Contents*

插图及地图

前　言

　　本书的第一版写于1996—1997学年,我在瓦森纳的荷兰高等研究院访学期间。我要感谢该研究院对我的支持和给我带来的一段愉快的经历,还有我原工作单位——莱顿大学文学院,给我的休假机会。另外,我还要感谢德米特里·范·德·伯色拉(Dmitri van de Bersselaar)、让-巴特·格沃德(Jan-Bart Gewald)、贾尼克·简森(Janneke Jansen)、阿达姆·库珀(Adam Kuper)和巴巴拉·奥曼(Barbara Oomen)对我文中的各个章节提出了建设性意见,以及罗伯特·埃德加对本书第二版提出的非常有益的修改意见。

术语和正音

　　术语和正音是南非历史研究中令人头痛之事,因为它们常常引起很大争议,我将尽可能地根据各人出身所使用的语音来书写他们的名字。在班图语中,词根加上前缀后构成普通名词、民族语地名和它们的派生词。因此,索托语(Sesotho)是居住在莱索托(Lesotho)的巴索托人(Basotho,单数是 Mosotho)的语言,而祖鲁语(isiZulu)是住在夸祖鲁(KwaZulu)的祖鲁人(amaZulu)讲的语言,这样的例子还有许多(其中看上去明显有些古怪的大写是流行的正音的结果)。我所使用的形容词中是没有前缀的,当然这是根据名词的种类修改的。因此,我把茨瓦纳人写成"茨瓦纳"(Tswana),而不是"巴茨瓦纳"(Batswana)。地名通常取现代名称,例如,用马普托(Maputo)取代过去使用的洛伦索·马贵斯(Lorenço Marques)。我使用了那些正确标出地理区域的 1994 年之后的省名,但是当我要描述的区域包括了数个现今的省份时,我就毫不犹豫地使用了旧的称呼。因此我将东德兰士瓦写成姆普马兰加省(Mpumalanga),但是南德兰士瓦涉及的区域包括了豪登省、姆普马兰加省和西北省的一部分,故依然写作南德兰士瓦。我也用特兰斯凯和西斯凯来描述尚不明确的区域,谢天谢地,尽管伴随这些名字的班图斯坦制度①已经消失了,当然这些名字

---

　　① 又称"黑人家园制度",是南非白人种族主义政权为推行种族隔离政策,于 20 世纪 50—80 年代对南非班图人实行的在地域上"分离"的制度。——译者注

1

要比班图斯坦还要古老。一些法案的名称已变得富有现代感,例如,1913 年的《土著土地法》现在通常被叫作《黑人土地法》。我注意保持最初的说法以避免时代错误,当然这一名称带有侮辱之意(尽管有许多更糟的),但是这一法案的本意就是如此。

非洲人的语言都有它们自己的正字法,它们之间往往并不相容,甚至是莱索托和南非共和国的两种塞索托语之间也是如此。有四点值得注意:首先,在科萨语和祖鲁语中,字母"c""q"和"x"分别发作齿音、上颌音和边音这类的吸气音,这是这些语言尤其是科伊桑人的语言(这些音节有着特定的含义)所独有的,未经专业训练的人会将它们都发作"k"。第二点是"ch"的发音,例如苏格兰语中的"loch"则和茨瓦纳语和其他语言中的"g"一样,但是在一些塞索托语的变体中则是"x",而科萨语是"r"。第三点是莱索托的塞索托语正字法源自法国,其特别之处在于在另一个元音前的"o"要发作"w"。因此"莫舒舒"(Moshoeshoe)中的重复音节在读音时要稍作变化,这有几分像苏打水"怡泉"(Schweppes)①的发音。第四点,"h"通常标志着前一个辅音字母的送气音,以显示如今多数欧洲人听不出来的音位差别,但这种差别曾经在英语中十分重要,现在只有在苏格兰人的语音中能听到,即"where"和"wear"的区别。但是这和英语中"Shaka"或"Moshoeshoe"中的"sh"的发音是不同的。

① 1783 年,瑞士商人雅各布·施韦普(Jacob Schweppe)发明了世界上首例商业应用的碳酸制造技术,并建立了一家生产碳酸汽水的公司 J. Schweppe & Co。1792 年在伦敦建厂,开始生产 Schweppes(怡泉)苏打水。——译者注

引　言

南非是一个主权国家,从某种程度来说这是一个极端平淡的国家, 但同时也是一个充满高度争议的国家。多年以来,南非政府一直否认 这一点,即使是现在,南非仍然在努力坚持自己的观点是正确的。南非 非洲人国民大会(简称"非国大",ANC)将自己看作是国家统一的化 身,并配以"一个国家,多种文化"的口号。德斯蒙德·图图(Desmond Tutu)大主教①则赞誉南非人是"上帝的彩虹之民"。南非有 11 种官方 语言,它们相互之间的差异很大,以至于南非人更愿意将其看作是一个 程序上的国家,或只是民众虔诚的希望,而非事实上的一个整体的 国家。

就外界来看,例如本书的写作地——荷兰,则有着不同的见解。所 有的国家最终都是根据其国民的文化背景(人种或是民族)、宗教、经济 实力或者性别的差异相区分的。在南非,这些差异或许比别处更为强 烈,但在本质上并无不同。事实上,尽管南非人或许强调他们自身之间 的不同,但是无论他们出生在南非何处,在社会和地理上有多么不同, 他们都坚定地认为自己是南非人。

①　1931 年出生于南非德兰士瓦省一个教师家庭,在 20 世纪 80 年代时因坚决反对白人 当局的种族隔离政策赢得世界的赞誉。1984 年获得诺贝尔和平奖。——译者注

　　本书意在呈现南非是如何成为一个独特的国家,尽管它内部差异巨大,而它成为这样也不值得去争议。以南非的经济为例,整个 20 世纪,事实上更早开始,早先形成的或多或少相对独立、稳定的社会单位逐渐演变为一个相互依赖的整体。如今从各个方面来看,更是没有任何南非家庭不被卷入到国家(乃至世界)经济中,南非不再有与世隔绝的农民。文化上,同一化的进程举步维艰,南非社会也许反而比之前更为分裂。虽然如此,共同文化的发展只局限在个别地方,这是因为南非某些种族总是有意识地拒绝已被其他南非人所接受的价值观。而更普遍的情况是正在发展的文化形式,例如宗教和音乐领域总是因为地理差异而被局限在一些不重要的方面。当然,所有身处主要城市中心的人都在不同程度上找到了相同方法去理解他们生活中的不确定性并授予其内涵。在农村,百年来外来劳工的经历也大幅度地影响了社会组织形式和价值观,这使全国各地日益趋同,而许多农村居民也接受了城镇所带来的影响。在政治上,中央政府的主导地位在统一(1910 年)后日趋上升,并为各种关于如何管理南非社会的设想提供了一个相互竞争的平台。大部分南非成年男性被长期排除在国家的政治生活之外,而事实上,这只会使人们普遍以为地区冲突是出于中央政府的授意,并成为农村政治争端的一部分。当然,20 世纪 90 年代所发生的事彻底表明通过创设班图斯坦来将整个国家巴尔干化(即分成数个国家)的企图一去不复返,另外,这些班图斯坦的存在还是过去中央政府权势滔天的证据。

　　除此以外,还有许多因素使南非成为这样的国家并继续保持着这种状态。如今南非的社会和政治变革的速度确实远超以往。不过,南非民众从 20 世纪末起一直在着手和妥善处理它的过去、现在和未来发展的关系问题。从更宽泛的角度来看,历史给南非带来了如下的特质:它是一个非洲国家,殖民前非洲人的社会结构,特别是思维方式在当下依然产生着影响。例如,现代家庭组织和有关治理的观念,以及对不幸的解释,在很大程度上还归因于前殖民时期;它是一个前殖民地国家,19 世纪末的殖民征服给它打上了深深的烙印。其独特性在于,它曾经是一个白人定居者的殖民地，一个使用奴隶劳动的殖民地，一个由少数人对多数人实施统治的殖民地。从这个意义上讲，它是一个典型的殖民地国家；它是一个资本主义国家，或者说它至少是一个由资本家组织控制了其经济发展的国家。南非殖民地最早由17世纪一个重要的资本家公司——荷兰东印度公司建立，后来在英国工业革命鼎盛时期被英国人夺占。之后，从19世纪最后的25年开始，由于丰富矿藏的被发现，特别是钻石和金矿的发现和开采，南非变了。这些矿业发展起来的新型劳工组织彻底改变了当地的社会结构，在矿业带动下，第二产业和第三产业也都发展到了非洲大陆上前所未有的高度。结果，南非成为一个城市化的，至少是一个正在城市化进程中的国家。到1996年，约55％的南非人生活在城镇。然而，种族隔离政策使非洲人的城市化比例相对较低，仅占非洲人口的2/5。随着将许多非洲人控制在乡村的法律的废除，这个比例迅速上升。最后，南非是一个基督教国家，尽管不是所有人都是基督徒。现在，约3/4的南非人自称为某一个基督教会，或为世界范围的教会，或为在南非本土产生的众多教会之一的成员。

　　当然，该国历史上的这些特性彼此并不是孤立存在的，它们的相互影响造就了现代南非。揭示它们的相互联系和发展正是本书的目的。

　　然而，即使南非的内在统一和南非人的身份毫无争议，可是，什么是南非，什么不是南非，依然还是问题。谁是，或谁不是南非人？这些问题在历史上不是很清晰。直到1910年，除了一个地理上的概念外，还没有一个像南非这样的实体。例如，在此之前，现代独立王国莱索托的创建者莫舒舒（Moshoeshoe）①与和他同时代的一位南非人塞库库勒一样的强悍，后者的后裔现在是南非共和国北方省的酋长。1910年以后，南非政府屡次试图吞并现在是一个独立国家的纳米比亚，同时将其大片领土——班图斯坦从自身剥离掉，这约占其人口的一半，现在又再一次成为国家的内在组成部分。南非金矿的许多劳工一直是来自其境

4

————————

　　①　即莱索托历史上的莫舒舒一世（1786—1870）。——译者注

外地区。有时候,以及就某些方面而言,很容易用最狭隘的认知把南非写成了现代的南非共和国,或者确切地说,就是殖民政府及其继任者统治下的地方。另外,将关注点放在整个地区是必要的,至少包括博茨瓦纳、莱索托、斯威士兰、纳米比亚、莫桑比克南部以及南非。我希望从文本上清晰地界定南非是什么,在任何特定的时刻,南非对许多国家来说只是一个案例,可是在实际当中,它又是很难厘清的。

第一章　早期定居者

　　南非是一个古老而又年轻的国家,在20世纪90年代,尽管还未处理好旧时代留下的顽疾,新南非依然宣告成立。实际上在这之前,南非已有一段古老的历史,特别是从地质学上来说。只有在很远的西北部和一些孤立的地区,覆盖的是年代较新的沉淀物,它们由干燥而有渗透性的卡拉哈里沙漠所构成,在博茨瓦纳和纳米比亚的大多数地区也是如此。而在南非其他地区,地表由冈瓦纳的古老岩石构成,在南部,三分之二的地貌属于南非干燥台地系列的沉积岩,但在北部则可以追溯到前寒武纪甚至是更早的时期,通常也夹杂着火成岩,总的来说,南非成为世界上种类最广的岩石聚集区。

　　地表的岩石随着风化形成了一个超过海平面1 500到2 000米的高原,它被一个大体呈现半圆形的断崖所包围,有两条河流穿越其中:一条是夏利普河(作者在此处用的是科伊人的叫法,而更为广泛的称呼是奥兰治河),它流向大西洋;另一条是林波波河,它构成了国家北部边界的一部分,并最终经过莫桑比克汇入印度洋。这两条河流和其他的穿越断崖的更短一点的河流都不能通航,尽管后者是南非南部最长的河流。断崖的东边山脉最高,构成了德拉肯斯堡山脉,这些山脉改变了夏季从印度洋而来的降水天气,使得夹杂在海洋和山脉之间的狭窄的东南部地区能够得到很好的降水,曾经一度为森林和树木所覆盖。

6

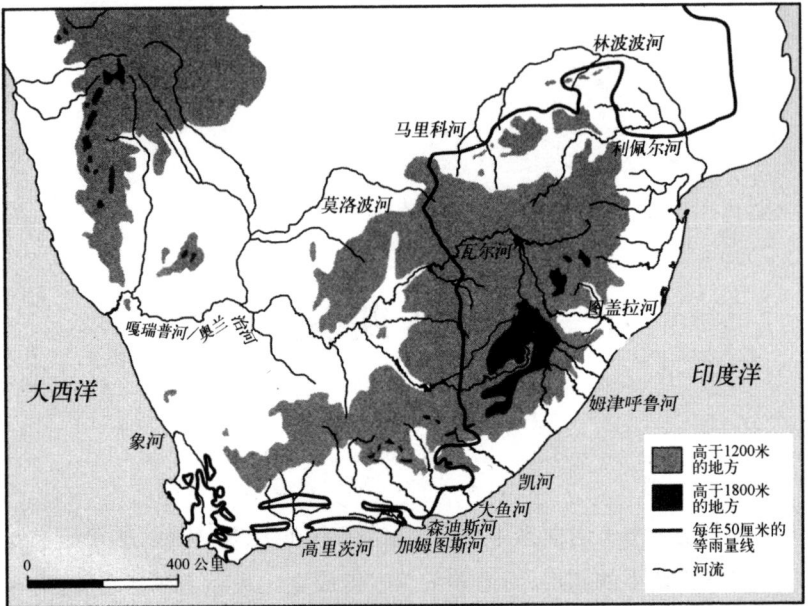

地图 1　南非水系。

在南非的其他地区,茂密的热带雨林从最北面一直向南延伸,逐渐稀疏,最终变成为人们所熟知的南非高地草原,而在更远的西部和南部,则是半沙漠的南非干燥台地和卡拉哈里沙漠。只有到了偏远的西南部才有了不同的地理类型,在那里天气更类似地中海和美国加利福尼亚地区,因为在冬季有来自大西洋的降雨层,同样在南部滨海的一块狭长地区,因为全年有雨而为森林所覆盖。

从人类居住的历史来看,南非同样是一个古老的地方,这里发现了许多人类祖先的化石,其中一些是现代人种最早的遗存。数千年来,这些人通过采集树根、坚果和其他植物,以及在海边捡拾贝壳、钓鱼,或是捕猎数量充足的羚羊以及其他猎物来生存。他们用火来改变生存环境,或许南非高地草原就是因此诞生的,但他们并没有在其他方面破坏环境。在南非驯养动物和栽培植物起始于 2 000 年之前,放牧和种植技术被引入这片次大陆上,相对来说,这在人类历史上是比较晚的,南部非洲或许是旧大陆中最后一个产生这种发展的主要区域,至少在 20

7

世纪对中亚干旱草原灌溉而导致的生态灾难之前是这样的。

　　在此发展过程中，畜牧业的出现先于农业几个世纪。在公元前最后一个千年后半段的某几个时期，居住在现今博茨瓦纳、赞比亚和安哥拉地区的人们开始驯养绵羊，可能稍后是牛，并开始向南迁移进入纳米比亚中部的高原以及南非高地草原和开普地区。和其在当地的祖先一样，他们说一种带有许多咔嗒音节的语言，这是一种南部和东部非洲独有的语言结构，但是直到那个时候，他们与卡拉哈里沙漠以南居住者所用语言是不同的。自此之后，语言作为一种生活方式的标志开始逐渐塑造南部非洲的特征。这一过程由于公元第一个千年的前500年中林波波河南部农业的引入而被强化。南部非洲农耕者的语言与班图语有密切的联系，这种语言使用时间很长，从他们来到这片区域开始一直使用到欧洲殖民者的到来。这些农耕者也许应该准确来说是半农半牧者，因为家畜对于他们的经济尤为重要，更是他们的社会结构支柱。这些与班图语紧密相连的语言组成了非洲主要语系之一的尼日尔-刚果语系的一个分支，而从西非的塞内加尔到南非的开普都有尼日尔-刚果语系的分支。事实上，相对较近的、移民到南非的说这些语言的人，可以根据他们密切的语言关系和两种被广泛使用的语言变体进行判断。两种变体是恩古尼语（包括科萨语、祖鲁语、斯威士语和恩德贝勒语，前三种语言被用于印度洋和断崖之间的广大地区）以及索托-茨瓦纳语（被广泛用于内陆高原地区，在该分支内部，彼此的语言或多或少可以听懂）。除此之外，文达语——与越过林波波河地区津巴布韦境内诸语言有紧密联系的语言，流行于最北部，它与聪加语一样成为一个语言分支，南非的东北部也有人讲，并跨过边境进入莫桑比克。

　　在公元之初的一千年中，居住在南部非洲的人可以分成三个部分：采集-捕猎者，他们之后被统一称为"布须曼人"或"桑人"，讲科伊桑"咔嗒"语言的一种；牧民，讲科伊科伊语，有的也说科伊桑语；以及农耕者，讲班图语系中的一种语言。这三者之间的区别并不是十分明显。在经济上，他们都捕猎并采集野生植物，尽管有极少数的讲班图语的人捕鱼或捕捞贝类水产品。所有的班图语族群都拥有家畜。此外，纳米比亚

8

中部地区的赫雷罗人事实上应该归属于专门的牧民一类,尽管他们像一些科伊桑人那样种植某些谷物,特别是达加,一种南非特产的印度大麻。科萨语、祖鲁语以及很小范围使用的索托语,它们的语音体系里都有"咔嗒"音,同时,体质人类学的研究显示相当多的科伊桑人至少可以被纳入讲班图语的人中,而这些班图语使用者来自遥远的北方,在外形上比科伊桑人更黑。不管怎样,由于人们生活方式的变化也改变了他们所使用的语言,其区别肯定要比实际上的更大,尽管居住在同一地区的人群彼此之间保持持续不断的联系。

几个世纪以来,随着完全定居者来到这块次大陆上,农牧结合主导了这片区域,因为他们的生活方式十分适合该地区的生态环境,这片地区大致包括了现代南非的东半部分,以及博茨瓦纳东边的边缘地区和纳米比亚的北部。再向西,少量的雨水维系了农业,而在稍远的西南方,雨水的降落时机则与他们种植农作物的时间并不完全吻合。科伊科伊人主要居住在雨水充足的南部平原,以及奥兰治河沿岸地区和该河南、北两岸断崖上的高原地区,尤其是北部地带。布须曼人日益成为一个幸存的人种,他们和其他人种之间保持着联系,但是居住在农民和牧民不感兴趣或是比较危险的地区,尤其是德拉肯斯堡的山区、西开普以及半沙漠的南非台地高原和卡拉哈里沙漠地区。

布须曼人各个部落有一些共同的文化元素。他们都居住在相对较小的区域内,当食物和水源充足时就聚集在一起,而当食物匮乏的季节来临时则分散到各地。同样,一种共通的宇宙观流行于这片广大地区,并通过神话和其他口传文学形式,以及视觉艺术表现出来,这种视觉艺术被雕刻在他们居住的洞壁上或岩石和鹅卵石上。这种艺术最早可以追溯到 27 000 年前,但大部分雕刻都年代较近,是大约在 19 世纪完成的。

这种艺术主要是一种形象艺术,展现了人和动物的形象,以及布须曼巫师想象出来的人和野兽的形象。虽然大多数作品反映了布须曼人捕猎的场景,但是,也有一些刻意表述的主题,特别是大羚羊,它占据了布须曼人神话故事的中心位置。雕刻通常是线条形的,大多数岩画都是用单色刻画出来的,但也有一些例外,特别是在德拉肯斯堡地区的岩画是多色调的。总之,这些岩画可以说是世界上这类艺术体裁的精品之作,而从审美上来看,它们代表了人类视觉艺术创作的一个高峰,其重要性已经超出了南部非洲的范围。

图1.1 岩画:南非大角斑羚,原来在纳塔尔南部米兹的农场,为免于被雨水侵蚀,现已移到纳塔尔博物馆。

科伊科伊人的社会组织与桑人的大不相同,这与他们更多的畜牧业生活方式密切相关。在布须曼人中,氏族内部的每个成员都被视为亲戚,彼此的称呼也是如此;而在科伊科伊人中则不然,更多的是看重于父系亲属关系。布须曼人没有积累财富的意识;但是一些幸运且能干的科伊科伊牧民逐渐畜养了许多牛羊,请别人为自己放牧,并将它们传给自己的儿子,这些人发展成为政治首领。科伊科伊人社会据此财阀化:统治者的权威来源于他的财富,而一旦失去了这些财富或是被对手夺走,那么他的统治权也将失去。不过,在南部沿海地区,以及在纳马夸兰和纳米比亚,统治者及其治下的部落在通常情况下是相对稳

10

定的,只是在欧洲殖民者到来后,才变得充满不确定性。

畜牧业和农业被引进南部非洲,一些植物,如各种甜瓜、绿叶蔬菜和路易波士茶①,在这里被人工栽培,但它们并不是人们所依赖的主食。农作物引入该地区的时间比牛羊引入的时间最多晚一到两个世纪,但是它的传播速度要更慢。混合农业区(通常被称为农牧区)对地表进行了持续的改造,但是在一开始的几个世纪中,这些定居下来的农民自然而然地集中在夸祖鲁-纳塔尔省和德兰士瓦的河谷地带,那里泥土层深厚,农民在这里种植高粱、灯芯草以及龙爪稷,连同南瓜和甜瓜,当然还包括各式田园时蔬。他们的食物储备可能不是很充足,除了在更远的博茨瓦纳的东北部,那里有着大量的牧群,以至于破坏了环境,并导致了公元 1250 年前后畜牧社会的危机。

在这个阶段,几乎南非的整个东半部分已经被农牧业者占领,在纳米比亚北部同样如此,但那里的文化传统与南非并不相同(这并不在本书的讨论范围)。为了谋生,农牧业者将灌木丛变成了耕地,从而把采采蝇的活动范围限制在林波波河沿岸的狭窄地区。采采蝇是一种能使人患上昏睡症,使牛染上致死疾病的寄生虫。通过考古研究,对 19 世纪初以后的农牧业者的物质文化,尤其是他们的住房,已经能细致地复原。因为村落布局受制于空间和时间等各种基本的因素,我们可以合理地假定这些农牧业者社会组织的其他主要特征已经存在了至少 500 年。

这些主要特征包括两性之间迥异的劳动分工,具体来说,有两种分开的生产领域。女人被认为对牲畜不利,被排除在畜牧业之外,同样,还被排斥在政治活动之外,她们主要从事农业生产。男人负责清除土地上的树木,尤其是当土地肥沃程度下降,原有土地很难被继续使用而迁耕时;女人的工作是去给土地锄草、种植(通常和女儿一起)、收割以及打谷等农活。当谷物仍在生长时,儿童负责驱赶田中的鸟儿,女人则在大草原上采集野果、取水、收集柴火或是牛粪,用来做饭、酿酒、烹调

---

① Rooibos tea,一种由南非红灌木叶制成的茶。——译者注

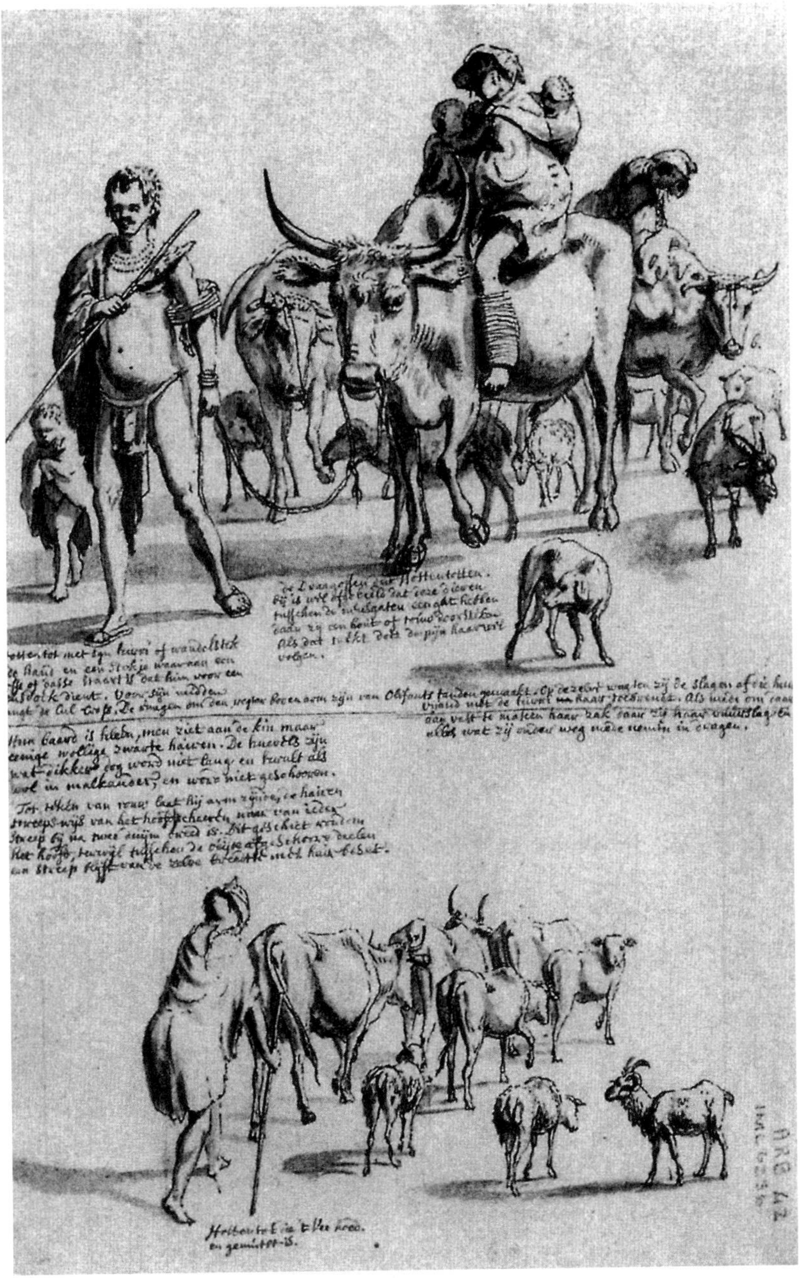

图1.2　一个科伊科伊人家庭和他们的牲畜，由一位匿名的荷兰艺术家约在1700年所画。

浓汤作为主食,并在饭后洗涤餐具。用石头和木材搭建房子是男人的工作,在有些地方他们使用茅草,而女人则需要将牛粪涂抹在房屋的地基以及墙上,在房屋周围建造低矮的土围墙,并打扫这一切。在一些地方,制作陶器和编织箩筐同样是女人的工作。

相比较而言,成年男性的首要工作是畜牧业,尽管他们可能没有花多少时间在平时的放牧上;通常这是男孩的任务,他们一开始被分到一些小的家畜,之后大约十岁时则开始负责放牛等大牲畜。给奶牛挤奶,再将牛奶变稠、发酵,使之成为饮料阿玛西(amasi),屠宰牲畜并剥皮制成皮革,这些活原则上都是成年男人的工作。此外,男人还负责用木棍和树枝做牛栏。属于男人的其他工作还包括炼铁锻造(限定于少数特定人群)、采矿(特别是在北方以及靠近莫桑比克边境的铜矿,铁矿则较为广泛存在)、作战、公共事务和政治活动等。

13

图1.3 画于19世纪40年代的一幅绘画,显示的是今夸祖鲁-纳塔尔地区乌马拉兹(Umalazi)附近的一个乡村。它远离该地的其他村落,为一个氏族家庭。这常见于德拉肯斯堡和印度洋之间水源丰富的地区,那里分散的村落甚至跨越了丘陵地带。

　　分属不同氏族的男人和女人依靠彩礼制度结合在一起,这在莱索托语和茨瓦纳语中被称为波加迪(bogadi),在恩古尼语中被称为洛波拉(lobola),对于建立在以家庭为基础的社会来说,这是一个十分重要的制度。女孩从娘家搬到她丈夫的家庭后,需要在田里劳动,在家里做饭、照顾家庭并生养孩子。作为对失去劳动力和潜在的生育者的补偿,她的丈夫会在家族的帮助下把一些牲畜送给女方的父亲和兄弟,这种补偿先给一部分,另一部分当他妻子生了一个孩子,证明了她有生育能力后再给。

　　从这以后,她就成为她丈夫家族的一员,即使她丈夫去世了也是如此。在丈夫去世的情况下,她丈夫的一位兄弟会娶她,但是她的孩子仍然会成为她已逝丈夫的合法继承人。离婚虽然被允许但是很少发生,显然,这是她的男性亲属所不愿看到的,他们被认为是能给予她庇护的主要亲人,一旦离婚,彩礼会被要求返还,特别是作为彩礼的牛常常已被她的某一位兄弟用来娶媳妇了。因此,这种置于女性身上不能离婚的压力是很大的。如果一位妇女受到残酷虐待,她可以回到娘家,经过法庭审理后,不用归还以前男方送来的彩礼。尽管如此,这种情况很少发生。

　　家族成员基本上按父系划分,这就是说只有按父系纽带延续下来的成员才会被认为是家族的一员。例如,一个人会将他兄弟的儿子认作自己家族的一员;但是他姐妹的儿子只是关系十分亲密而非同一个家族的。在恩古尼人中,同一个家族的男人和女人不能结婚,而事实上一个国王可以通过迎娶他的一位远方父系亲属来使其与王室家庭撇开关系,从而把他新婚妻子的近亲排除出近亲之外。但在其他地方,男人娶一个近亲的女人,特别是他的表姐妹被认为非常好。如果这种婚姻在几代人中重复,那么作为彩礼的牛就会被返还到原来的家庭中,最后各个家庭之间的差别也会变得更加模糊。

　　这种婚姻体系也许被认为不是必要的,但它在事实上肯定使女人从属于男人(以及年轻男性对他们长者在某种程度上的从属关系,但这种关系并不是永久的)。女性的工作相对男性的来说在体力上更加困难,更加持久。婚姻成为两个家族结盟的筹码,而女性在选择丈夫上只有相对较小的发言权。在恩古尼人中,妻子被希望通过精心准备委婉曲折的称呼以避免直呼丈夫其名的做法,来向她的新家族表示尊敬。直到她有了孩子,她才被允许饮用家族奶牛生产的牛奶。当她老了,正式成为母亲甚至是一家之长的母亲,对她的强烈压迫才会减轻,但是她在律法上依然从属于男性,甚至从属于她自己的儿子。除此之外,如果她被证明是不育的,她的生活会十分艰难。她自己的家族会要求献出她的姐妹或表姐妹来代替她的生育任务,而当她的劳动能力下降时,她自己也许会陷入赤贫中。

15

儿童的性别规范教育在他们很小的时候就开始抓起。从大约 6 岁起,女孩子就被要求帮助她母亲做家务,从母亲那里学习做饭以及在田里劳作。此外,她们还要打水、收集柴火。而男孩则相反,他们在相同年纪被分配去照看牲畜,一开始是绵羊,之后是牛。在放牧的同时,男孩会在年长一些的年轻人的监管下成长,他们组成团队,用木棒练习作战技巧。出身显贵家庭的男孩则会和他的父亲一起参加公共会议并学习管理知识。

当他们进入青春期,男孩和女孩都会接受教育,从而成为成年人。同样,这种教育也是按性别区别的,女孩会接受成为一个好妻子所需的技能教育,而男孩则会完成成为一名战士所需的训练。一起学习的男孩会共同分享一种"军团精神",并在酋长儿子或是其他长一辈的年轻人的领导下,组成一个战斗单位,或被称作一个军团。

从男性的角度来看,这种教育系统能够(使上位者)积累人口以及权力。因为人们可以公平自由地获取土地,并且土地不能作为私人财产,技术水平又很难使人通过占有实物而表现得出类拔萃,最重要的是拥有的牛和从属于自己的人口的数量。这儿的彩礼习俗有着政治深意,首先,男性能娶老婆的数量取决于他畜养的牛的规模,即他要支付得起与迎娶老婆数量相匹配的彩礼。其次,拥有众多妻子的人能够获得更多的食物,尤其是在饮水方面,从而使平辈对他更加尊敬。

奉行这些策略的酋长能够比平民更加成功。前殖民时期南非的非科伊桑人都生活在君主体制管理之下,推测其原因可能是在公元5世纪之前,他们带着众人成功地从遥远的北方一路南迁。当时,主要城邦体制已经传播到津巴布韦平原上,包括林波波河谷以及邻近的北方省和博茨瓦纳地区。著名的马蓬古布韦考古遗址是这个城邦的都城,它位于现代国家博茨瓦纳、津巴布韦以及南非三国边界交接处。总之,至少到18世纪中叶,南非人生活之地的政治单位通常都很小,特别是在夸祖鲁-纳塔尔和姆普马兰加地区。在东开普以及高地草原则情况相反,王国通常规模较大,以至于在各酋长之间存在一个等级体制,所以这里的一个统治者能够拥有更多的从属于他的官员。

从物质层面上讲,权力主要建立在对牛和人口的控制规模上,酋长通过一场胜仗可能会获得这些。例如,莱索托的莫舒舒通过一场成功的袭击,在获得大量牲畜的同时,也获得了他为人所知的名字"莫舒舒"——它是一个象声词,意为"劫夺者"①。

此外,彩礼制度能使酋长获得更多的优势,显然这是因为能从和酋长家庭联姻而建立起来的联系中获取利益,酋长娶妻所付的彩礼远远少于常人,而当他女儿出嫁时却能获得比寻常更多的彩礼。酋长的正妻往往是别的酋长的女儿,因而她的彩礼是由酋长的下属们提供的,如此一来就形成了一个稳定的输送体系,民众和牛被不断向上转移到大酋长家庭。在19世纪中叶,科萨人超过一半的牛被上层统治者拥有,而到了20世纪中叶,七分之一的斯威士兰人拥有王室的姓氏"德拉米尼"。大部分的牛分散在平民的家中,这既是出于安全的考虑,也是因为接受牛的人会因为照顾牛而获得一定比例的小牛崽的补偿,进而通过这种利益输送将平民和统治者愈加紧密地联系在一起。

16

17

---

① 这里指的是莱索托历史上著名的政治家、军事家莫舒舒一世(1786—1870),巴苏陀王国的创建者。本名莱坡科(Lepoqo),一位氏族首领之子,自幼体格强壮,胆识过人,是格斗、作战和"偷牛"的高手,而当地以善偷牛为荣。——译者注

图 1.4 20 世纪 30 年代今博茨瓦纳的莫丘迪地区首府卡特伦部分街景。在高地草原以及卡拉哈里沙漠的边缘地区,当地统治者们试图把他们的臣民们集中在稍大的城镇里,以便直接管辖。在夏季,人们分散在各个乡村,在田野中耕种土地,但到了干旱季节,最大的城镇人口数量甚至会激增至一万人。

　　酋长们需要巩固这种关系,根本原因是统治者的权力取决于他自身的行为表现,不是每个人都能成为酋长。酋长的职位原则上是世袭的,即使是在最混乱的时候,一个领导者也必须是世袭的,或自称有酋长家族的父系血统。个人或者群体并不总是严格地依附于一个特定的酋长。惯性、忠诚以及实用主义是决定离开原有的酋长投奔另一个酋长的首要因素。但是,如果一个酋长的统治垮台了,那么他的部属就会离开他去投奔新的首领,并尽可能多地带上他们的牛。这种情况经常发生在酋长继承纠纷之后,那时失败者将失去他的支持者。当一个年长的儿子在他父亲在世时已经建立了一定的权威,却需要让位于其同父异母的弟弟,只是因为后者是地位高贵的正妻所出,这时候也会出现这种情况。而如果是一位不受欢迎的失败的统治者,那么这种臣民转移过程就会十分平稳。如同博茨瓦纳人的俗语"**kgosi ke kgosi ka** batho"，意思是"一个酋长只有有了臣民才能称得上酋长"，相反，没有臣民的酋长就不是酋长。人民声称他们的政治身份是酋长的臣民，虽然这种身份可能只是暂时的。例如，那些称自己是"斯瓦蒂人"，是表达他们对 19 世纪中叶的一位国王姆斯瓦蒂①的继任者的忠诚（现代斯威士兰国家的国名来自祖鲁语，这是因为't's 在斯瓦蒂语中的发音跟祖鲁语中的'z'发音一样）。如今被称作部落的政治单位并不总是保持一个整体，它会因为各种偶发事件而解体。一位成功的领导者在他的追随者中会有形形色色的人，这体现了酋长权力最终的认同性。在德拉肯斯堡的西面，这种酋长权力的认同性在博茨瓦纳人中有一个确切的名称"高特拉"（kgotla，塞索托语中是 kgôrô）。"高特拉"在过去和现在都有两种意思：第一种是成年男子的集会（如今妇女也被允许加入，并有发言机会），包括散居的人、村镇的部分代表，或者某一政治组织的代表。第二种是指举行这样集会的露天场所。在断崖的东面，这些集会又被称为因达巴会议（izindaba）。

　　"高特拉"或者"因达巴"如今在某些地方依然存在，它的职能如同一个法院，用以解决争端并惩罚违法者。此外，"高特拉"更重要的作用是讨论事关共同体的大事，酋长或军事首领在听取了他的臣民们的讨论后宣布自己的决定。统治者因此能够评估那些对当前最重要的事务所提出的建议，并据此作出反应。如果他不赞成，或者事情掺杂了过多的派别之争，以至于他无法施加自己的意愿，他可以选择与此事划清界限。但不管怎样，如果"高特拉"或者说是"因达巴"能够很好地发挥作用，那么它会是一个相当有效的制度。纳尔逊·曼德拉回忆说，通过他的监护人、腾步王国摄政者的"高特拉"，他受到了最初的政治教育，他的重点毫无问题落在调解的重要性上。

　　统治者的首要任务是保持社会的繁荣。首先，这意味着要确保雨水的充沛，降雨是一项万分重要的事务，特别是在德拉肯斯堡山脉的西部，那里的降雨量极少，远远低于平均数，越往东边越是如此。在饱受

18

---

①　即斯威士兰王国国王姆斯瓦蒂二世，1840—1868 年在位。——译者注

干旱困扰的卡拉哈里沙漠边缘的博茨瓦纳,人们在每次结束演讲时或在发布的公告中,总是以"普拉"(pula)这个惊叹词结尾(意为"让老天爷下雨吧")。"普拉"已经成为现在博茨瓦纳共和国的格言及其货币的名字。莫舒舒国王曾经提到:"和平就如同雨水,使草生长,而战争如同风,使其干涸。"因此,一个统治者可以通过维持和平来使降雨量至少看上去比预想的要多。

19

THE BECHUANA PARLIAMENT. Page 343.

图1.5 版画,由罗伯特·莫法特绘制,反映了在 1823 年 6 月 13 日狄萨孔(Dithakong)战役前,萨宾人首长莫穗比(Mothibi)在"高特拉"作战前动员。

事实上这里面还有更多的含义,人们认为如果土地不洁了,或被施了魔法,那么雨水就不会来,各种灾难也会突然降临并摧垮现有政权。人们想要弄清这些灾难为什么会发生,以及干旱或肺病发生的原因——前殖民时代的南非人不可能会有后来的那些解释,如周期性出现的厄尔尼诺现象远离了南美洲海岸,导致了全球气团循环体系紊乱,以及从欧洲传入的牛瘟病毒。此外,他们也不能解释(也没有人能解释)为什么一个人会被闪电击中而别人不会等问题。人们开始依据灾难的规模,在个人、家庭或者政治组织层面寻找答案,他们认为不幸要么是祖先对人犯错的惩罚,要么是某些恶毒之人或巫师的杰作。祖先可以通过献祭进行抚慰,从而恢复和谐的生活,而巫师则需要从社会中清除。如果形势太过紧张并充满谣言,那么酋长就会安排一场集会,在集会上有专人负责找出巫师,然后将巫师和他的直系亲属处死,没收他们的牲畜。之后人们相信和谐而繁荣的日子便会回归。

20

这些紧张情况的大爆发是事态严重恶化的一种迹象。通常人们会用预防性的药物来确保自己的健康,特别是要保证对祖先的祭祀。如果这些措施都失败了,那么寻求医者的帮助就是十分必要的,他会使用草药治疗,并尝试去分辨是否有某种邪祟在困扰这个家庭的幸福安康。

同样,在政治组织层面上,农作物生长也有专门的仪式。如同我们所看到的那样,酋长负责祈雨使作物生长,同时他会拿出一些药物使土地增加肥力。新作物的生长也可能伴随着危险——因为在经历了几个月的饥荒过后才能收获这些新作物,在此期间上一年储存的食物资源会在饥荒中被十分小心地节约使用。因此,酋长本人在作物成熟后会举行一个仪式,之后才能开始享用这些收成,酋长权力也通过这些重要仪式而表现出来。不管在什么地方,任何人在没有获得王室同意前就享用了新谷物,会被视为反叛,随之要接受惩罚。在祖鲁兰和斯威士兰,这些仪式也包括对军队的训练,后来它被称为"因克瓦拉"(incwala),直到现在仍然是具有民族象征的重要仪式。

接下来要谈到南非社会的主要结构,它们持续了上千年,直到最近才消失,根据考古资料和欧洲殖民者入侵这一地区后留下的记述所反映的情况,其社会状况至少可以重构。在这片区域,虽然不同群体之间的联系是多方面的,但是他们和外界的联系却很少,印度洋上的贸易系统很少会抵达莫桑比克中部的以南地区。尽管南非蕴藏了大量的黄金,但是那时候的技术难以达到开采条件,同时在津巴布韦高原上能出口黄金的城邦影响很小。只是到了 17 世纪初随着海外贸易的发展,特别是葡萄牙在德拉瓜湾建立了一个很小的殖民地(今日的马普托),通过这个殖民地,美洲的作物,特别是玉米才被引入南非,同时出口象牙和一些奴隶。

21   也许是因为该地区的统治者们可以通过这种贸易获得利益,18 世纪在夸祖鲁-纳塔尔地区北部和莫桑比克南部的政治组织规模得到了巨大的发展,特别是德拉瓜湾以南的马博胡杜王国(Mabhudu Kingdom),以及更南边的恩德万德维(Ndwandwe)和姆塞瑟瓦(Mthethwa)的政治组织。在更南边的西斯凯(Ciskei)和特兰斯凯(Transkei),科萨人和腾步王国也在进行扩张,虽然这是以政治集权化为代价的。在其他地方,酋长国依然较小,也许最大的是在卡拉哈里沙漠边缘地区的茨瓦纳人城邦,但这或许只是一个错觉,其原因是他们的统治者可以要求其大部分臣民至少在冬季住在中心城镇,因此在该地区就出现了很大的定居点。在夏天,随着雨季的到来,人们就四散到乡村各地。尽管如此,在 17 世纪中叶以后,面对欧洲殖民者的挑战,南非社会通常情况下仍然是碎片化的。

第二章 殖民征服

公元 1500 年以后，南非不再是西方人眼中的世界尽头，当欧洲人发现如何绕过好望角，从欧洲航行到亚洲南部沿海后，这片区域便迎来了新的一系列冲击，并最终被欧洲人征服和殖民。这一切并不是瞬间发生的，葡萄牙海军上将弗朗西斯科·德·阿尔梅达(Francisco de Almeida)①死在桌湾的海边，这促使他的继承者将对南非的注意力集中在大陆的东海岸，一直绵延到现代南非的北部，在那里他们可以获得他们在南边无法获得的黄金、奴隶和象牙。在 1600 年之后，荷兰东印度公司(Vereenigde Oost-IndischeCompagnie，通常简称 VOC)开始挑战欧洲伊比利亚人在亚洲的霸权，它的水手发现在向北航行到印度或爪哇之前，依靠西部信风从开普敦向正东航行更加便捷，他们可以再依靠东南信风直接从那里返回到南非的纳塔尔港。因此，他们只需在今日南非同样的地点登陆即可。对于荷兰的船只来说，在南非的海边建立永久殖民地的好处随之越发突显了。

到了 1652 年，在让·范·里贝克(Jan van Riebeeck)的领导下，一

---

① 约 1450 年生于里斯本，1510 年 3 月 1 日死于开普敦的桌湾，葡属印度的首任总督。——译者注

支小型的荷兰人团队抵达了桌湾。从政治和建制的角度来看,现代南非国家是范·里贝克所建立殖民地的直接产物。

起初,荷兰人只是希望将他们的殖民地建设成一个贸易港口。他们希望通过桌湾为他们的船只提供补给,例如食物、柴火以及淡水,这些通过与该地区的科伊科伊人交换欧洲商品得来,也有的是免费获得的。但是在接下来的十年里,形势变得明朗起来,科伊科伊人即便是身处胁迫之下,也不愿或是没有能力去为上千的船员提供必需的肉类,而且还有大约四个月的航行在等待着这些船员。农产品,尤其是面包、蔬菜以及酒(后面两种被用来对抗坏血病)面临短缺的危险。荷兰人意识到他们别无选择,唯一的方法是将他们海边的小港口建设成为一个真正的殖民地。

为了建设这样一个殖民地,两项条件必须被满足。首先荷兰人必须用武力强占科伊桑人的土地。在殖民地建立的早些年里,爆发了两场小规模的战争,在这些战争中,只要没有下雨使荷兰人无法使用燧发枪,他们就能展现他们的技术优势。此后,荷兰人对科伊科伊人主要部落的攻击行动主要限于贸易以及劫掠牛羊。由于科伊科伊酋长的领导权威主要建立在代表他财富的牲畜之上,因而这种劫掠行为削弱了酋长的权威,同时也减弱了酋长治下民众的内在凝聚力和抵抗的能力。随着牛羊逐渐被荷兰人掠夺殆尽,科伊科伊人的政治组织架构也逐步被瓦解了。

当然抵抗仍在持续,丧失了牲畜的科伊科伊人联合了住在山区和半沙漠地区的桑人,一同参与到对抗殖民者的长期而时断时续的游击战中。农场不断地被劫掠和焚烧,储积被抢,牧人被杀,这些现象贯穿了整个18世纪。这一时期,桑人试图将荷兰人从广袤的土地上赶走。例如在18世纪70年代,大约有400名青壮年,其中许多人以前是以务农为生,他们试图将欧洲人从现在的西博福特和赫拉夫·里内特镇之间的大断崖延伸地区赶走,将其从斯涅伯格(Sneeuberge)赶到荷兰人之后在北方建立的城镇。那里的桑人领袖寇里凯(Koerikei)对这些白人农场主大喊:"你们在我的土地上做什么? 你们已经占有了所有大羚羊和其他猎物活动的土地。你们为什么不待在日落之地,你们来自哪里?"他说他会杀死他们的牧民并将他们赶跑。随之而来的是惨重的报复,以突击队著称的武装民众获得了开普殖民当局"铲除"当地桑人的许可,因此,他们的种族灭绝行为被合法化,并在之后的几个世纪中不断地付诸实践。数以百计的桑人被杀,而他们的孩子则成为事实上的奴隶。

24

　　这一系列殖民扩张战争发生的时间大约在 1680 年之后。而这些扩张都发生在第二个条件被满足后:开普地区的社会秩序得到建立,从而使其能够作为一个殖民地进行运作。这个条件要求开普要被外国人殖民,而这些外国人则要拥有两个方面的基本法律地位。一方面是要有来自欧洲的自由移民,他们中的大多数都作为士兵、水手和工匠在开普敦为荷兰东印度公司服务。一些人是作为自由移民来到开普,而他们在这之前并没有被荷兰东印度公司雇佣,他们中最引人注意的团体是因为宗教迫害而从法国来的新教难民。一些自由移民作为工匠、旅馆老板、商人或是其他职业者住在开普。其他人包括法国胡格诺派教徒获得了一份殖民地土地的所有权,他们在那里开设农场。另一方面是受强迫的移民或是奴隶,从 1652 年殖民地建立到 1807 年海外奴隶贸易被禁止的这段时间内,总共有大约 60 000 名奴隶被运到开普殖民地,还有大致相同数量的奴隶来自印度尼西亚、印度、马达加斯加以及非洲东海岸。

　　19 世纪之前,在殖民地范围内工作的欧洲殖民者、奴隶以及无论是被胁迫还是自愿来的科伊桑人,他们一起构成了殖民时代南非由三部分人组成的局面。首先,殖民地的中枢是开普敦,尽管它位于殖民地西南端。它是荷兰东印度公司殖民政府的所在地,而这个政府同时受巴达维亚(雅加达)总督和在荷兰的东印度公司董事局的管辖。荷兰东印度公司对于殖民地有着至高无上的权力,它偶尔会惩罚拥有过多奴隶和科伊桑人的自由民,但通常它会频繁而冷酷无情地维持自由民对奴隶以及荷兰东印度公司高层对普通士兵和水手的统治。

　　此外,开普敦是唯一同时也是最重要的殖民地市场。农民用牛车将他们的农业产品带到镇上,或是将他们的牲畜赶到开普敦的屠宰场宰杀。而他们能从开普敦的商人那里购买衣服、农业工具、家庭用品、咖啡、茶、糖以及奴隶。开普敦拥有殖民地将近三分之一的非科伊桑人人口,同时也是殖民地的经济、社会和政治中心。除了公司职员和市民之外,许多奴隶也住在镇上。这其中包括公司所有的奴隶,这些奴隶住在教堂边上阴暗潮湿的奴隶小屋里,他们的工作则是最艰苦的:在船上装卸货物以及在公司的车间里干最卑下的活。同样也有许多属于市民以及公司职员的私人奴隶,其中大部分的工作是做家务活,这并不是一个闲职,它包括了挑水、收集柴火、做饭、洗衣服等劳动,其他人则是工匠、渔夫或者在城市的街道上售卖做好的食物。

第二,在开普的西南部有一些农场。自从穿过横贯开普褶皱带山脉的大宗农业商品运输变得不再那么有利可图后,这些商品就被限制在开普敦 80 公里范围内的山谷和平原上。在这片区域里,酒以及小麦这种传统的地中海农产品由中等规模的生产单位制作,它由 10 到 50 名奴隶以及相当一部分收割时作为临时劳动力的科伊桑人组成。特别是到了市场越发蓬勃的 18 世纪末,兴旺的农业使得农场主能够建造被刷成白色的、有山墙的宏伟农舍,而这些建筑如今也成为开普荷兰风格的标志。这些展现了农场主对他们的奴隶和科伊桑人劳动力的主导权以及农场主这个群体势力的上升,如同一个贵族所说的,身处农村社会的人也是卓越的,随之而来的是农场主开始尝试参与到政治活动中,虽然后者依然被荷兰东印度公司牢牢地控制着。但是这些都没法减少对残酷的役使奴隶劳动力的需要,这些奴隶承受着被奴役的境遇。但对于奴隶来说,奴役只是一个无法更改的事实,而不是欧洲人对他们整个社会的控制。只要有机会,在农场或是开普的奴隶就会设法逃离他的主人,藏匿在开往欧洲或是亚洲的船只上,或是组成一些小规模的逃跑团体在开普的山区生活,抑或是加入科萨人,后者十分欢迎这些奴隶的加入。

第三,大约从 1690 年开始,殖民地的农场主尤其是其中没有多少资产的人开始穿越山区向开普内陆进发,并在那里立足。在这一过程

26

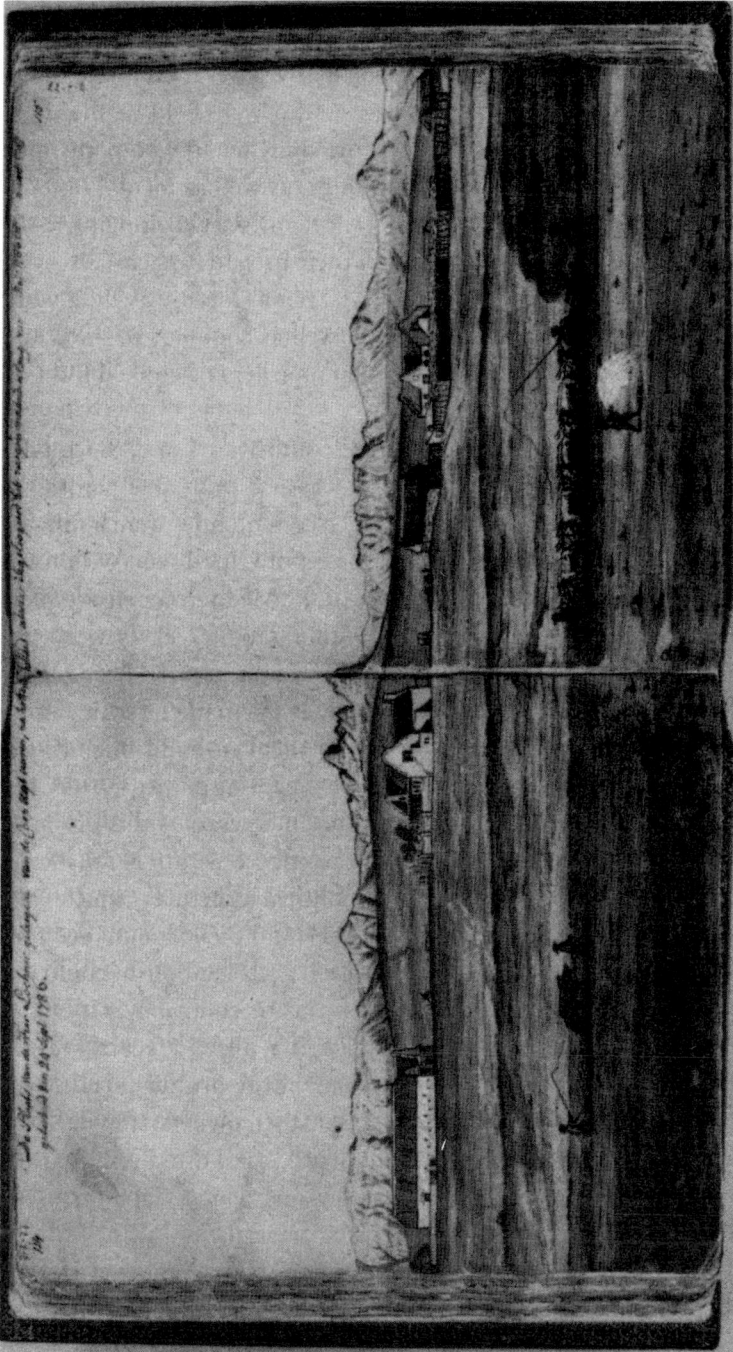

图 2.1 18 世纪 80 年代在斯泰伦布什附近的沃吉纽德农场：注意中间是带有高大山墙的农场主居住的房子，奴隶居住的茅草屋在右边，近景则是牛在耕地。

27 中,这些农场主强占了科伊桑人的土地和牲畜,还强迫幸存者为他们工作。他们种了一些田地以满足自己的食物需求,但他们同时也通过牲畜以及其他产品,例如黄油、肥皂和牛脂等贸易活动保持和开普市场的联系。他们大量的牛羊群需要大片的草地供养,特别是在远离海岸的干旱土地上,这些牲畜的品种都来自科伊桑人。此外,他们还从科伊桑牧人那里学到了季节性迁移放牧,也就是随着季节变化不断迁移草场。在这一过程中,他们靠猎捕南非干旱台地的众多大型动物为生,这些动物生活在这片干旱大地上的草原或是多汁的灌木丛中。小羚羊(羚羊的一种)以及白色斑马(斑马的一种)在这过程中惨遭灭绝,其他动物特别是白纹牛羚和山斑马也濒临灭绝。它们被牛尤其是羊所取代,因为牛、羊可以生产肉、脂肪尤其是黄油用以贸易。但是这些外来物种的进入以及生物多样性的减弱导致了生物数量的减少,以至于干旱台地只能承受原有生物数量的十分之一。很少有殖民农民能够经受住诱惑不去过度破坏生物链,这对该地区造成了一场影响深远的生态灾难。

当然,短期来看开普内陆依然是一片富饶的土地。该地每个年龄段的欧洲人口都翻了一倍;欧洲人的殖民领土尽管很稀疏,但它在快速地扩大,农民的迁移范围已经超出了荷兰东印度公司的有效政治管理范围,而公司的下属机构只有符合农民利益时才会被接受。同样,尽管像开普的其他欧洲殖民者一样,农场主也为他们的基督教信仰而骄傲,但出于环境所迫,他们只是在其住宅内履行自己的宗教义务,并偶尔去教堂礼拜,这些教堂都位于西南部,在1786年之前这些宗教活动大都是不定期的。

到了18世纪末,白人农场主已经征服了西到大鱼河、南到嘎瑞普河(Gariep)的大片土地。在东面,他们开始与南非最西面的科萨人接触,并和他们时断时续地进行了一个世纪的战争,从而确立了开普殖民28 地的东端边界。在北部,代表殖民地社会进步的不是白人,如通常给殖民地定义的那样,而是有科伊桑血统的人,至少是部分科伊桑人,他们获得了初步的殖民权力、马匹和枪,他们中的许多人后来被称为格里夸人(Girquas),或者奥拉姆人(Oorlams),他们讲荷兰语,并将基督教视为帮助他们身份合法化的一种途径。沿着嘎瑞普河河谷向北到纳米比亚、北开普和自由邦，他们和自称没有欧洲移民血统的科拉那人（Korana）一起建立了一个殖民地，并开始威胁索托-茨瓦纳和赫雷罗人的领地。

从18世纪中叶开始，一场缓慢的政治变革开始发生在高地草原和东部沿海的河谷地区。它的起因尚不清楚，最有可能是出于对象牙需求的增长以及在今莫桑比克海边交易的商人对商品尤其是豹皮的追求。玉米的引入也许又一次导致对可耕地需求的扩大，但也使得依靠它的团体在南非中部周期性发生的干旱面前更加脆弱。从18世纪90年代开始，来自嘎瑞普河中游的袭击活动日益增多，这些袭击者根源上来自开普殖民地，他们骑着马，扛着枪，引发并加剧了当地的冲突。

不管怎样，以上这些因素在加重，而后果是明显的。当地非洲人的统治规模缓慢扩大，因为统治者们可以利用他们的特权从与欧洲人的交易中获得更大的利益，并有权分配交易来的货物，可借此扩大自己的庇护网。同样，冲突的增长意味着那些能提供保护的人能如同毛细血管作用那样，吸引其他的民众，因为他们通常居住在易于防守的山顶上。

在这一进程有两个明显的发展阶段。第一个阶段是从19世纪的第二个十年开始，此时在德拉瓜湾的内陆地区，政权开始得到加强。这一现象也发生在海湾南边的马博胡杜王国和更南边的恩万德维和马塞瑟瓦政权。在海湾之西同样也有政权加强的现象发生，例如杜拉利（Thulare）控制了莱登堡高原，其领土从高地草原直到海湾，其后裔的追随者后来又被称作巴佩迪人（Bapedi）①。这种权力集中同样可以在卡拉哈里沙漠边缘地带的政权中找到，特别是在博茨瓦纳东北部的巴曼瓦多（Bamangwato）及其南边，那里的马卡巴（Makaba）人在1790年左右定居于卡耶山，他们构成了恩瓦克瑟（Ngwaketse）权力的基础。

29

---

　　①　又称作特兰斯瓦索托人，或北索托人，属于南非林波波省操班图语民族的一支，20世纪末约有370万人。——译者注

在这整个过程中没有爆发战争,而在高地草原和德拉肯斯堡山的东面,政治的统一却是伴随着对竞争者土地和人民的征服。但是对于那些选择臣服的人,战争绝不是征服者的首选。

大约 19 世纪 20 年代后开始了第二个阶段,以暴力程度和政权规模的变化为标志,其核心是两大发展。首先是来自高地草原南部的压力日渐增强,格里夸和科拉那人发动的袭击次数持续增长,他们装备了更多的火枪,并在开普为他们的商品找到了更好的市场,其中包括贩卖真正的奴隶。第二个是纳塔尔地区的战斗以恰卡国王建立统一的祖鲁王国而告终,但祖鲁人肯定不是这一过程的主要推动者,相反,他们曾依附于一个小酋长国,并在相当长的一段时间内视姆塞斯瓦王国(Mthethwa Kingdom)为宗主国。在 19 世纪第一个十年里,姆塞斯瓦人在兹维德国王的带领下和恩万德维人在北疆爆发了冲突,恰卡国王则置身事外,借此保存了足够的实力去抵抗胜利后的恩万德维人,并于 1819 年左右,在马拉图兹(Mhlatuze)河畔的一场大战中击败了他们。从那时起,在恰卡国王领导下的祖鲁王国成为如今夸祖鲁-纳塔尔地区最强大的政治势力。

在南非的历史上,恰卡国王是最具神秘色彩的人物,他要么因为其嗜血的性格以及一手建立的残酷体制而被妖魔化,要么因为其超凡的军事才能、政治才能和远见而为人所崇拜。但不管怎样,他并不是独一无二的,他只是 19 世纪前半叶建立或扩大国家的众多南非部落酋长中的一员。除此之外,他所建立的政治体系只是对当地传统体制的改进。被称为因丕斯(impis)的祖鲁军团由一群年龄相当的人组成;恰卡仅仅只是强化了它的军事作用。基于亲属关系的村落依然是祖鲁社会的经济基础,妇女在这里被置于从属地位。继任的祖鲁国王通过干涉决定谁能以及什么时候能结婚和建房,来加强自己对社会底层的控制。在恰卡之前的夸祖鲁的政治组织因为对王室十分重要而保留了下来,并成为祖鲁王国行政体系的基础。

祖鲁王国的恰卡国王和其继任者们统治了从今天的夸祖鲁-纳塔尔一直到图盖拉河以北的广大土地,并拥有对更南边的部落一定

30

程度的宗主权。它的影响范围异常广大。在被兹维德国王击败后，剩余的恩万德维人向北移民，这加剧了斯威士兰、马普兰加以及莫桑比克南部地区的冲突。至少有四个夸祖鲁-纳塔尔部落的主要领导者带领他们的追随者们从恰卡国王的治下逃离，并建立了自己的世袭统治。马蒂卡勒（Madikane）和他的儿子恩卡法耶（Ncaphayi）向南进入特兰斯凯的北部地区，并在那里建立了巴卡（bhaca）部落。相当一部分的人也遵循了这种方式，即使这会使他们暂时被纳入科萨人和腾步王朝的麾下。

库马洛人的姆济利卡齐部落、卢比（Hlubi）人的姆潘伽兹萨（Mpangazitha）部落和恩格瓦内人的马蒂瓦内（matiwane）部落从德拉肯斯堡山迁到了高地草原。姆济利卡齐部落在那里建立了恩德贝勒王国，国名来源于恩古尼语中的索托-茨瓦纳。恩德贝勒王国起初定居在瓦尔河边的今弗里尼欣镇周围，之后向北迁到了马格雷斯堡山。从1832年开始，它以现代西北省份境内的林波波河的上游源头为中心，向外扩展自己的影响。马蒂瓦内则相反，在向南迁到特兰斯凯东北部的高地之前，在东自由邦停留了数年时间。据说姆济利卡齐在征服中收获了20万头牛，而马蒂瓦内同样也十分富有。因此对于劫掠者来说，这两个部落都是有利可图的目标，而它们迁移的原因也是为了逃出祖鲁人攻击的范围。但是，以恩德贝勒王国为例，格里夸人和科拉纳人袭击的目标至少被证明是有问题的，因为姆济利卡齐领导下的王国在吸引了劫掠者的同时也拥有足以对抗他们的防护手段。

这些部落迁往德拉瓜湾内陆、高地草原和特兰斯凯地区的举动使这些地方越发不安全。在祖鲁打败恩万德维人后，随着俘虏和难民持续不断地从高地草原向南进入开普殖民地，德拉瓜湾的奴隶贸易量急剧攀升。到了19世纪30年代，特别是在高地草原，战争变得更富有地区性和破坏性。聚落被设计得更容易防守，甚至有的完全建在洞穴中。正是在这一时期流传起了食人的故事。几乎可以肯定的是，这些故事严格意义上来说都是传说，但是它们可以被看作是对当时主要社会迷失的一种暗喻。

32

31

Chaka King of the Zoolus (J. Saunders King)

图 2.2　恰卡·祖鲁画像,由纳撒尼尔·艾萨克绘制。

　　这幅神话色彩浓重的画像展现了早期欧洲访问者以及之后各种背景的南非人所创造的恰卡形象。而在现实中，1781年左右他生于靠近白姆佛洛兹（Mfolozi）河的一个祖鲁小部落首领的家中。之后他为特瓦的统治者丁吉斯瓦约效力，并被其任命为祖鲁部落的首领。

　　丁吉斯瓦约死后，恰卡成功保住了和自己臣属的关系，并首次在姆佛洛兹和图克拉（Thukela）河之间建立了自己的统治，而在打败恩万德维人之后又扩大了自己的领地。很明显，恰卡拥有杰出的政治才能、冷酷无情的性格和能保证他在这样充满竞争的社会中幸存的运气。正是靠着这些才能，他能够建立祖鲁王国，并在这一过程中发展出了一套基于"阿马布陀"（amabutho，通常被翻译为"同龄兵团"）的政治管理体系，加强了军事力量，并专注于建立王国而非部落那样的政治体。恰卡没有法定的继承者，这可能是出于避免随着继承者的出现而产生内在危险的考虑。但是讽刺的是这却使他在面对宫廷政变时更加脆弱，在1828年9月他死于暗杀，首领之位由他的弟弟丁干继承。

　　由于以上这些情况的出现，当地形成了一些数量有限的王国，它们的领土往往都超过了原有的酋长国。而祖鲁王国或许就是它们之中最强大的。1828年恰卡国王被刺杀后，在他的弟弟丁干的领导下，这个王国依然维持了下来，并统治了图盖拉河和峰沟洛河（Phongolo）之间的东部河谷地区，也许正是由于这场刺杀，祖鲁王国才得以维持。当然它绝不是唯一的王国，在南边的特兰斯凯，恩昆库施（Ngqungqushe）的儿子法库（faku）正稳步地扩大姆蓬多王国的影响范围。而在北方，索布扎一世重建了恩格瓦尼人的中央权威，起初是在如今斯威士兰的南面，之后迁到了王国东部中心的埃祖维尼（Ewzulwini），到了他的儿子姆斯瓦蒂国王即位期间，国名改为如今的名称——斯威士兰，姆斯瓦蒂的在位时间是1838年到1865年。在现今的北部省份，塞克瓦蒂（sekwati）巩固了后来被称作佩迪王国的统治权，它位于斯蒂尔普特河（Steelpoort）的峡谷之中。之前提到的姆济利卡齐统治下的恩德贝勒人也短暂地统治了南德兰士瓦。在西边，大大小小的位于卡拉哈里

33

34

图 2.3 塔巴博休：1834 年远眺图。

图 2.4　1868 年的莫舒舒：画像由弗朗索瓦·梅德所绘。

莫舒舒出生于 1786 年,他是上卡利登河谷地区门克浩能(Menkhoaneng)村头人的孩子,该地区后来也是他所建立的王国的一部分。尽管他自幼属于特权阶级,但是他青年时代面临的局面却是十分严峻的。为了保障自身安全,他将自己的第一处宅地建立在利于防守的布塔布泰山。之后在 1824 年,他在寒冷的冬天举行了一场可怕的竞赛,目标是穿越 120 公里的山区到达塔巴博休(夜之山),而莫舒舒的祖父皮特(Peete)就是在之前的比赛中失踪的,据推测可能是被食人族吃了。

很明显,莫舒舒是一个性格强硬的人,很容易被人接受为领导者。毕竟在他父亲还在世的时候,他就已经接过了对一些臣民的领导权。同时他也表现出了一定的治国才能,尤其是从南部非洲人的传统来看,堪称是绝无仅有的。他并不避讳使用武力;在定居塔巴博休不久,他就派遣了两支远征队去德拉肯斯堡从腾步人那里抢牛,他的"劫夺者"的名号就是源自这场胜利。之后他又派他的军队去打击塞孔耶拉(Sekonyela)人。根据传说,他的殷勤好客也是史无前例的,这或许是真的,因为即便是对那些曾经俘虏并吃了他祖父的食人族,莫舒舒也接纳了他们,并拒绝了处死他们的提议,哪怕有"人不能亵渎自己祖先的坟墓"这种说法,反而给予他们土地。

莫舒舒与传教士关系很好,特别是与巴黎福音会的尤金·卡萨里(Eugène Casalis),但是他从未正式皈依基督教。他有众多的妻子和儿子,使他能够有许多重要的朋友去治理国家。他的外交技能帮助他和一些表现英勇的敌人结盟,从而确保了莱索托能够在欧洲人面前长期保持独立。

但是莫舒舒最终还是被迫接受了将他的王国并入到开普殖民地中,并在 1870 年以英国国民的身份去世。不过十年后,他所建立的王国还是获得了一个特殊的国家地位,即作为一个保护国直接受英国王室而非殖民当局的管辖。

沙漠边缘的茨瓦纳人部落重建了自身的政权组织,尽管博茨瓦纳东北部的恩瓦托王国势力的崛起仅仅发生在 19 世纪的后半段。

从各方面来看,最成功的当数莫舒舒国王——莱索托王国的创建者。莱索托王国以塔巴博休(Thaba bosiu,意为"夜之山")为中心,这座平顶山从谷底算起大约有百米高,总面积略微超过1平方公里。它的四周几乎都被由砂岩构成的断崖峭壁所包围,除了一些狭窄的通道,玄武岩岩墙让人难以攀登。因为粮食充足,并有泉水流过,所以在欧洲人到来并用迫击炮炮轰之前,此地可以说是固若金汤。像许多南部非洲王国的首都一样,塔巴博休同样靠近一条生态分界线附近,地处肥沃的卡利登河谷低地和马卢蒂山脉之间,在这里,爆发战争时存储的财物可以被转移到安全的地方。如果莫舒舒国王欣赏臣民的忠诚或是想通过分散自己的牛群来获利,那么他会将自己的畜群按"马飞撒"(mafisa)体制借给他的臣民,接受者可以借此从牛身上获得牛奶,并通过这些牲畜的自然生长获得小崽,最终形成自己的畜群。莫舒舒正是通过这种或是其他的一些方式,来促使分散在高地草原上的人聚拢在他的旗下。他的下一个目标也许是恩古尼,它同样也是索托-茨瓦纳人的发源地,莫舒舒国王同时会说这两种语言,他通过大范围的联姻体系与这些遥远的部落建立联系。他慢慢地将他的兄弟和儿子扶上了首领的位子,从而扩大了王室的权威。

从19世纪30年代开始,莫舒舒领导的巴索托人开始接受欧洲商品,特别是马匹、枪支以及毛毯,后者能使定居者们抵御山区的霜冻。这些商品是以谷物作为交换。此外,传教士视莫舒舒为酋长的典范,而愿意做他的外交中间人,帮他和英国殖民统治者周旋。对于所有的南非部落领导人来说,与欧洲人关系的重要性正与日俱增,就像本章后面将要叙述的那样。 36

这展现了一个更普遍的相关现象,19世纪中叶成功的非洲领导者都是一面在南非政治体系的框架下,尽可能地增加自己追随者的数量,但是在另一方面又去获取资源、原料和其他随欧洲人到来的新事物。因此,继任的祖鲁领导者无不从欧洲商人以及之后在南方建立的殖民地那里获利。19世纪30年代后,斯瓦提人则从与内陆的殖民共和国和德拉瓜湾的奴隶贸易中获利,巴佩迪人也向南输送奴隶。历代的茨 37

瓦纳国王积极利用和传教士的良好关系,用以改善与外部的联系,并获取更多的资源以更好地控制臣民。这些使得之后对南非内陆的征服活动越发困难,因为之前的接触使得南非的酋长们对殖民入侵有了更好的防范。

此外还有一点需要说明,我已经探讨过政治效忠是种族认同的基础。如果事实是这样的话,南非人将这种政治效忠归因于政治组织,而这些政治组织几乎都是 19 世纪的产物或至少都是在那时急剧发展起来的,这一点十分值得注意。因此通常来说,南非的族群起源时间相对较晚,尽管之后它们得到充分的发展。

在 1795 年,英国征服了开普,这是在和革命的法国的作战时期,确保自身全球海洋霸权的一系列行动的一部分。到了 1803 年这一殖民地被归还给了之后被称作荷兰的巴达维亚共和国。三年后,战争又一次爆发,荷兰再次被法国掌控,英国也随之再度占领这一殖民地。直到在滑铁卢战役之后,英国依然维持了对它的控制。

开普殖民地被并入到大英帝国后,殖民地的社会和政治关系都随之发生了巨大的变化。政治方面,英国维持了现存的法律系统,所以革命前的荷兰的罗马-荷兰法成为南非法律系统的基础并延续至今,而欧洲在拿破仑领导下编纂的法典①并没有在这里得到体现。英国同样将和殖民地大农场主的联盟作为政治统治的基础,并至少在短时间内避免对农村(或是相关的城市)的社会关系进行重大改变。与之相反的是,大英帝国的公司被允许扩大殖民地的商业关系,尽管在荷兰东印度公司制定的规则废除后的几年里,限制依然存在。特别是在 19 世纪初,随着葡萄酒的产量剧增,被出口到受保护的英国市场。同一时间美利奴羊这个最早在 1795 年之前就被引入到殖民地的物种,也很好地适应了开普地区干旱的放牧环境,因而也被众多区域引入,首先是在南部的平原地带,又逐步发展到东开普地区。再加上沿海航行的稳步发展,

①　指拿破仑统治时期于 1804 年颁布实施的《法国民法典》(又称《拿破仑法典》)。——译者注

这个物种的引入逐渐克服了运输中的诸多困难,进而推动了殖民地的商业化。这种商业化进程随着英国资本和移民者的到来而加速,英国人起初零零散散,但到了19世纪20年代,他们在除荷兰人之外的殖民群体中占了相当大的一部分。

在19世纪的前三分之一时间中,英国往往会以他们的所作所为促进了所谓的世界进步为由,来为他们的帝国主义行径辩护。起初是采用必要的干涉措施来消除虐待,为此,从1808年开始英国殖民地的奴隶贸易被禁止。这种限制肯定影响了奴隶人口数量的增长,同时为充分吸收科伊桑人作为开普社会劳动力的行径提供了动机,在这之前这一吸收过程一直没有完成。出于同样改善社会的动因,英国也规范了科伊桑劳动力和雇主的劳动关系,但是,即便他们确实减少了白人农场主和科伊人之间赤裸裸的暴力事件,由总督卡列顿伯爵(Earl of Caledon)在1809年和约翰·克拉多克爵士(John Craddock)在1812年分别编纂的法典仍然严重地向雇主倾斜,后来成为人道主义鼓动者攻击的目标。

最主要的鼓动者是传教士,他们努力使信徒能够在殖民社会中过上他们所认为的真正的基督徒生活。第一个传教士乔治·施密特(Georg Schmidt)在1736年来到开普殖民地,对于他是不是摩拉维亚兄弟会的一员依然存有争议。尽管他为阿姆斯特丹的荷兰东印度公司中的头面人物所赞助,但他得不到开普当局和教士的支持,被迫在七年后便返回了欧洲。1792年传教工作重启,这次依然是摩拉维亚教徒,他们在南非建立了第一个传教站,地点位于之前施密特工作的巴菲亚斯峡谷(之后被改名为根纳登[genadental],意为恩典之谷),在开普敦东面160公里左右。摩拉维亚教徒的传教工作很快为英国非国教者和卫理公会派教徒赞助的传教士继承,再加上公理会的伦敦传道会(LMS)。到了19世纪30年代,许多其他教派的英国新教徒以及德国和法国的胡格诺教派出身的教徒也加入进来。

有三个方面的因素促进了传教活动,或许使开普成为世界上传教最成功的地区。首先是气候对于欧洲人来说十分适宜,这使得传教士

39

图 2.5 1834 年,牧师普罗斯珀·勒莫(Rev. Prosper Lemue)在西北省莫蒂托的集会上布道。

不像在西非那样易得病而亡。第二是殖民地的社会基础设施较为完
善,传教工作容易展开。第三点也许也是最重要的一点,就是早期的传
教工作都特别成功,传教站为科伊桑人提供了躲避白人农场主残酷剥
削的庇护所。传教内容也为被殖民而改变了整个生活的人提供了新的
精神寄托,为他们提供了理解生活和解释世界的新方式。

英国福音派人道主义者与许多南非传教士联合起来,他们的力量
导致了殖民地法律关系的一个重要变革。首先,在 1828 年,第 50 号法
令清除了强加于有色人种自由民,特别是科伊桑人身上所有的法律障
碍,该法令先是被开普敦通过,之后为伦敦政府进一步强化,其颁布动
机来源于伦敦传道会的负责人约翰·菲利普(John Philip)博士,他认
为,现存的阻止科伊桑人劳动力自由地进入市场的做法,有违新发展起
来的经济理念,减少了财富的总量,增加了贫困人口,因此是十分不公
正和不道德的。

同样的推动也体现在废止奴隶制问题上,这项变革排在第二重要

的位置。在英国殖民地曾经爆发过两场奴隶起义,但规模都很小且很快被镇压。阻止奴隶贸易使得奴隶的性别比例渐趋平衡,而之前男性的数量大大超过女性。在开普农场工作的劳动者通常的处境几乎没有什么变化,如果真要说有的话,就是在劳动者中出现了一些新的牢骚。与之相对比的是在开普敦,奴隶制开始凋亡,因为越来越多的奴隶获得了解放,而有一技之长、充满自信的自由民群体数量则在不断增长和发展,不论他们选择信仰伊斯兰教还是基督教。

在废奴运动中,南非虽然只是扮演了一个小角色,但是,它从英国对加勒比奴隶制度的排斥中受益颇多。例如,在1834年12月1日,所有的开普奴隶都获得了自由,尽管他们在享受自由之前得先忍受四年学徒生涯的束缚。有些人设法跑到了传教站,另一些则离开了白人农场,去了小城镇。在一些地方,这些获释者想努力成为独立佃农或小农。然而不让妇女和儿童成为完全劳工的尝试,不是非常成功。总体上看,这些获释的奴隶尽管大多数依然在白人农场工作,但值得慰藉的是他们现在可以通过劳动获得报酬了,并在一定程度上可以选择雇主。1841年后,他们的劳动环境由《主人与仆役法》(*Master and Servant Ordinance*)决定,这个劳动法案以大英帝国通行的法律为模板,严重偏向于维护雇主的利益。该法令也被输出到南部非洲其他殖民地,并在南非联邦成立后沿用了很长时间。

英国人的到来也深深地改变了殖民者和非洲人之间的关系和领土边界的平衡。在早期科萨人和欧洲殖民者之间的冲突中,没有哪一方获得明显的优势。科萨人的数量优势抵消了欧洲人技术上的优势,也没有哪一方的后勤能力能支撑一场长期的战争,双方之间没有绝对的差距。欧洲人偶尔会挑唆科萨人相互争斗。殖民地的定居者和非洲人之间的边界,无论是在空间上还是社会上,都很难清晰地划分。自英国军队开始在东部边界上投入战斗后(从1811年开始),这一平衡便被打破了。英国人能够在该地区维持、供养一支军队,并让它四处巡逻,而这是科萨人所无法做到的。英国人通过这种方式烧毁科萨人的土地和房屋,劫掠他们的牲畜,使他们陷入穷困之中,并最终赢得了战争。在

41

当时,事态也许还不是如此明朗,例如在 1819 年,科萨人的军队几乎占领了格雷厄姆斯敦,而在 1834 年到 1835 年的早期战斗中,大片的白人农舍被焚烧。但是这样的胜利总是只持续了很短的时间,最终数量众多的欧洲军队被召集起来粉碎了科萨人的抵抗。伴随着这场征服的是无情的暴行,这体现在它不仅局限于焚烧宅地,还有 1835 年对科萨人首领辛特萨(Hintsa)的谋害和斩首上,即便他已经开启了停战谈判,并且他本人事实上并没有参与战争。

尽管发生在殖民地东部边界上的战争造成了极大的破坏,但是对于许多定居者来说它并不是不受欢迎的。战争在短期内提供了相当大的经济机遇,为英国军队提供补给的合同给许多人带来了财富。事实上,英国军队所花出的钱(以及设在开普敦附近的西蒙斯敦的海军基地)使得殖民地有钱去进口商品。而从长期来看,战争意味着殖民者能获得更多的土地,特别是对于发展迅速的东开普羊毛产业来说,这点尤为重要。卡特河谷曾经是科伊人各个族裔生活的地方,当 1829 年科萨人首领马科马(Maqoma)被赶出这片土地,土地归属的变动引发了在卡特河谷定居的殖民者与原住民之间强烈的敌意。其后,养羊者们把大本营定在格拉汉姆斯顿(Grahamstown)。到了 1836 年又出现了一个更大的打击,伦敦殖民办公室(Colonial Office in London)要求给阿德莱德女王省(Queen Adelaide Province①)的科萨人以补偿,因为鱼河上的旧边界和凯河之间的大部分土地,已经在一年前的战争中被殖民政府所控制。

1834—1835 年的战争所造成的破坏及其结果损害了殖民者的利益,也是导致大迁徙发生的原因之一。大迁徙是一场数以千计的说荷兰语的后裔(如今被称作阿非利坎人)离开早先殖民地的运动。当然他们并不代表迁徙者的全部。在殖民地,对英国南非政策的不满与日俱增,《50 号法令》以及解放奴隶的政策被视作英国传教士,特别是伦敦传道会的菲利普博士,施加在殖民地影响的证据。同时,东开普的南非

---

① 该地以英国国王威廉四世的妻子阿德莱德王后的名字命名。——译者注

白人的人口压力以及养羊者对土地的需求,促成了一场不可改变的向北殖民扩张的行动。年轻人试图成为一个经济独立的农场主,但他们发现找到一片合适的土地去耕作十分困难。从19世纪20年代起,人们便开始在奥兰治河北岸定居,殖民政府虽对此不满,但也无可奈何,且仍坚持奥兰治河是殖民地的北部边界。

因此,大迁徙是白人农场主长期向北迁移,以及19世纪20年代晚期和30年代所发生的一些特定事件的综合产物。大迁徙所造成的后果是极大地增加了欧洲移民统治现代南非的概率,是南非形成过程中的一个重要事件。

在1836年期间,后来被称为大迁徙者们开始成群结队地在瓦尔河周边的牧场上集合。一些人被推举为领导者,其中有亨特里克·波特吉特(Hendrik Potgieter)、彼特·雷提夫(Piet Retief)、格特·马里兹(Gert Maritz)和萨雷尔·塞利尔斯(Sarel Cilliers),他们的当选主要是因为他们的财富以及在开普殖民地时所享有的声望。当向北迁徙时,他们忽视了他们本应在跨越瓦尔河之前征求姆济利卡齐(Mzilikazi)的许可。恩德贝勒人的统治者将这些大迁徙者们与巴伦德·巴伦兹(Barend Barends)领导下的格里夸人相等同,他们早年曾经从南方劫掠他们数年。姆济利卡齐派遣了一些战士去对抗这些白人,摧毁了一些营地并劫掠了一大批大迁徙者们带来的牲畜。但是,在这次遭遇中,大迁徙者们也学会了完善他们的防守军事技巧,就是用大篷车充当围栏围成一个临时防御营地。当他们能够用前装枪保持快速火力时,这些临时防御营地被证明对于那些只会挥动尖矛的南非战士来说是无法攻克的。同样,配备火枪的骑手经常能从数量众多的不骑马的对手中逃脱。

在最初的冲突过后,大迁徙者们和格里夸人、科拉那人以及数年前被恩德贝勒人赶出家园并不断被骚扰的巴茨瓦纳人结成同盟。随后针对位于林波波河上游的富饶的莫塞佳(Mosega)盆地进行了一系列的袭击,不久后这些袭击又同祖鲁人对德拉肯斯堡的主要袭击一同进行。这一系列袭击的结果是姆济利卡齐和恩德贝勒人认为他们已无法再在南德兰士瓦安生并集体向北迁移,最终定居在今津巴布韦的西南部,借

43

此大迁徙者们在瓦尔河北部站稳了脚跟。

正当此时,在大迁徙者中发生了分裂,一部分人认为应留在高地草原上。在南面,商业化的养羊业正逐步发展,所以加利坡北部地区在经济上仅仅是南部的外延。在同一时间,在菲利普里斯周边的格里夸人也遵循了相同的方式进行定居。尽管大迁徙者偶尔会尝试与菲利普里斯的格里夸人建立同盟,但通常情况下出于开普惯例的延续,在这两者之间存在着竞争和不信任。而在更北方,养羊业不适宜在这里发展,再加上运输体积庞大货物的难题使得农业对于移民而言无法成为一个有吸引力的领域,即便那里已经是玉米和高粱的一个主要市场。对非洲农民和抓捕的因博克林格人(inboekelinge)(事实上的奴隶)的剥削确保了大迁徙者们的日常生计,但他们很长一段时间都是依靠打猎来获取现金。一些小定居点建立了起来,定居最多的是在德兰士瓦的西南部、波切夫斯特鲁姆的中央。而那些在北部和东部——祖特潘斯堡(Zoutpansberg)和利登堡(Lydenberg)周边的定居点通常较小,也容易受到攻击。火枪和火药的特许权以及和斯威士兰王国亲密而互惠的关系确保了这些移民的生存。

其他的重要的大迁徙者分支(起初他们可能是最主要的移民群体)向东南迁移,穿过德拉肯斯堡进入如今的夸祖鲁-纳塔尔省。这意味着他们开始与丁干领导下的祖鲁王国发生冲突,丁干谋害了恰卡并成为他的继承者。当大迁徙者们坚持要在纳塔尔定居的事实已明白无误后,丁干开始采取行动以摆脱迁徙者对他的国家所带来的威胁。1838 年 2 月,他处决了大约 70 个人,其中包括迁徙者的领导人彼特·雷提夫,理由是他们在到访祖鲁首都姆贡贡德洛乌(uMgungundlovu)时所表现出来的傲慢。他派遣他的战士们去消灭剩下的定居者,但是大迁徙者们凭借他们的临时防御营地抵御住了攻击。然而,在一场寒冬过后,丁干的军队在恩科姆河(之后被白人称作血河)之战中设法击败了迁徙者的一支重要力量[1]。此后,大迁徙者们在从纳塔尔南部到图盖拉河之间的

---

① 史称"血河之战"。1838 年 12 月 16 日,比勒陀利乌斯带领一支由 500 名迁徙者组成的突击队在恩科姆河向祖鲁人发动攻击。双方互有胜负,但丁干军队最终失败,伤亡约 3 000 人,鲜血染红了河流,故称血河。——译者注

土地上成为主导力量,而两年后他们又帮助丁干的年轻兄弟姆潘德(Mpande)推翻了丁干的统治,建立了他自己的统治。

大迁徙者们在纳塔尔省图盖拉河南部所建立的领地威胁到了英国在纳塔尔港(今德班港)的小型贸易团体。更重要的是当时的英国殖民大臣斯坦利勋爵毫无疑问地想到了一个不确定的可能性,即纳塔尔的迁徙者可能会威胁到英国控制向东航线的战略,他害怕迁徙者们控制航线后所造成的混乱和盘剥。因此在1842年他批准合并这个地区作为英国殖民地,这也许减少了混乱,但从事后来看并没有减少盘剥。一些迁徙者仍然留在了纳塔尔自己的农场中,但是大多数人将英国统治看作是他们曾经逃离的恶魔。在曾是血河之战的指挥官安德烈斯·比勒陀利乌斯(Andries Pretorius)的领导下,他们往回走,穿越山脉并加入到了高地草原上的移民先驱中。

45

图 2.6 比勒陀利乌斯正在安慰彼特·雷提夫的遗孀。

在恩科姆河之战后,比勒陀利乌斯安慰彼特·雷提夫遗孀玛利亚·约翰娜·维特(Maria Johanna de Wet)的场景,取材于 1916 年一部受古斯塔夫·普莱勒(Gustav Preller)启发制作的无声电影。普利勒在为大迁徙者们制作视觉影像上,作出了很大贡献,而这成为南非白人民族主义者心中一个标志性的场景。这幅景象也被刻在比勒陀利亚城外先驱者纪念碑上的浮雕中,在1938年被认为是大迁徙最成功的重现,而到了1988年惨剧又如同闹剧般再次发生。

这一场景用传奇的手法塑造了南非白人的历史,同样也将南非白人女性塑造成国家母亲的形象,非常爱国并始终纯洁。而这无形中也将南非白人女性归入到非公共活动中,只能在家或教堂中工作。南非白人中偶尔也有男女平等主义者,但是他们无法撼动在南非白人社会中占主导地位的男权主义。

46　　　导致英国兼并纳塔尔的逻辑同样也出现在德拉肯斯堡山脉的西部。起先,英国政府对于在奥兰治河以北渗透自己的势力还踌躇不前,到1846年才在布隆方丹的新镇建立了一个定居点。两年后,新的总督哈利·斯密斯(Harry Smith)爵士在对这一区域闪电般地巡视了一圈后,宣布该地区所有大迁徙者所占有的土地都是英国领土。斯密斯的决定在大迁徙者中引起强烈反抗,而被他称作奥兰治河君主国(the Orange River Sovereignty)的地区在成为英国殖民地一部分之前,他必须得打赢波泊拉斯(Boomplaas)之战。但从那时起,至少外奥兰治领地的南部,也就是后来的奥兰治自由邦,被英国坚定地纳入自己的殖民统治范围中,而东开普那些与羊毛打交道的农场主和资本家(主要来自英国)开始将这片土地据为己有。

到了1850年,殖民社会的主要轮廓已成型。在整个开普以及初具雏形的纳塔尔殖民地,主要依靠牛车以及正日益增强的贸易网络连在一起。沿着南部海岸线的沿海交通和到开普敦北部不远处的道路交通的建成意味着牛车运输体系内固有的问题已极大减弱,而在19世纪40年代建成的一条重要道路工程使得穿越山区不再像过去那样艰难。尽管内部市场的增长体现了小麦仍然是整个农业团体最大的收入,但羊毛已经取代小麦和葡萄酒成为殖民地的首要出口商品。尤其是羊毛产于东开普省,它通过正日益发展的伊丽莎白港装船运输。尽管使这一切成为可能的金融和银行服务仍然以开普敦为中心,但它们都需要通过遍布殖民地的地方银行网络才能进行运作,这些地方银行在散布于整个殖民地的无数个小镇中都能发现。这些集镇提供了一系列商业和手工业服务(其中包括地方报纸),而这在19世纪初的时候是看不到的,此外,这里还建立了社会、行政以及正日益发展的地方政治中心。

这些小的集镇(它们又被称作 dorps)通常围绕一个荷兰归正会教堂(Dutch Reformed Church,简称 DRC,荷兰语为 Nederduits Gereformeerde Kerk)建立。在1786年之前,荷兰改革派教会是殖民地唯一被许可的基督教组织,但其牧师极少,甚至直到1786年,除了在殖民地遥远的西南部外,都没有一个牧师。尽管没有牧师,白人定居者依然都非常在意能获得教会成员资格,使他们的孩子受洗礼,如果其中有人识字(可能大多数人都是受过教育的),那他便会仔细地阅读《圣经》。1810年后,一方面由于殖民地愈加繁荣,另一方面也是因为英国希望在一定程度上通过引入苏格兰牧师使当地农民英国化,教堂的密度大大增加。教区数量从1795年的6个增长到1840年的25个,再到1850年的36个和1860年的64个,其中还不包括建在奥兰治河以北以及纳塔尔省的。教堂借此在农村社会生活中享有了之前所不具有的中心地位。

尽管归正会依然和大多数的荷兰裔人群保持着信奉关系,但它已经在各个殖民地的宗教生活中丧失了垄断权。英国的非国教者尤其是卫理宗的循道会成为传教先锋,紧随其后的是英国国教以及稍晚一点的罗马天主教。从19世纪中期开始,大多数城镇都有了四到五座教堂,有些更多。这些城镇至少有一座布道礼拜堂,它服务的对象不仅是那些从传教站来到镇上的人,也包括了离开农场的前奴隶,以及数量不断增长的在周边农田干活的农场劳工。在开普敦之外,殖民社会已经基本基督教化了,而在开普敦城以及其他极少数地区,在1800年一些亚洲裔的人被允许建立了第一座清真寺后,不少人,特别是奴隶和前奴隶身份的人,皈依了伊斯兰教。

与宗教传播和信仰多样化相伴随的是在殖民地人群中缓慢的文化

47

图 2.7 克勒斯堡：一个典型的开普小镇，1834 年由查尔斯·贝尔斯画。图上所绘的是人们在举行圣餐仪式，荷兰归正会的圣餐仪式每季度定期举行，是时来自周边地区的农夫们来到镇上接受宗教仪式，更新契约，购买维持生计和农活的必需品。

改变过程。学校教育的普及面愈加广泛,事实上在许多小镇上传教士的主要工作就是开办一所学校。特别是被解放后的前奴隶都十分认真地学习读和写,并将之视为使他们的自由越发有价值的方式。此外,因为富裕者的增多,又有不少中学陆续建立起来,并吸引了周边地区的许多人来就学。至少有一个来自奥兰治自由邦的女孩在格雷厄姆斯敦的女子学院完成了学业,而在那里还有一定数量的女生在学习。此外,面向男生的更有影响力的中等教育也在不断发展,特别是 1829 年在开普敦建立的南非学院,该学院后来发展成为开普敦大学以及南非大学学校①(South African College School),还有大约在 1850 年左右建立的一系列英国国教的教会学校,其中包括著名的教区学院②(Diocesan College,或称主教学院 Bishops College)。

49

图 2.8　阿布·巴克尔·埃芬迪撰写的《宗教释义》。

---

①　位于开普敦纽兰兹的一所初等和中等的教育机构,简称 SACS,由初中和高中两所学校组成。1874 年南非学院一分为二,组成开普敦大学和南非大学学校。——译者注
②　位于开普敦郊区,是一所独立的、男生寄宿制教会学校。——译者注

在 19 世纪期间,开普敦的伊斯兰教变得愈加制度化,建立了清真寺,出版了一部宗教文学作品,即阿布·巴克尔·埃芬迪(Abu Bakr Effendi)撰写的《宗教释义》(Bayan Ud-din,一本解释宗教的书),这里只节录了一部分。通常来说,这些作品用的不是阿拉伯语,但都尽可能地用阿拉伯字母结合荷兰人在开普说话时的语音表现方式。因此通过他们能够洞悉当时的语言形式,一种未被高地荷兰语污染的正字法和语法,也能从中看到原始荷兰语到现代南非荷兰语的演变。这些语言版本都出自讲荷兰语的殖民者和将荷兰语视作第二语言的奴隶以及科伊人或有科伊血统的人群中,这些团体都将荷兰语视为通用语。阿非利坎语的早期版本起初被人贬为未受教育、不知荷兰语语法规则的下层阶级所用的语言。但是从 19 世纪 70 年代起,殖民地的民族主义者将阿非利坎语视作他们(白人)文化的载体,到了 1920 年,阿非利坎语取代了荷兰语,成为南非官方语言之一。为了达到这一目的,白人对阿非利坎语进行了整理和标准化,在这一过程中它变得越发接近荷兰语,而非之前浓厚的克里奥化的方言。

50　　　接受教育和信仰基督教是构成个人声望的主要因素,它们也成为区分被社会所接受的人和声名狼藉的人的标准。而从外在形式来看,欧式风格的衣服、一定标准的住宅以及公众场合的严肃节制等都是一个人声望的标志。

然而,声望的核心是对男男女女各自角色的重新确定。差别自然是始终存在的。在南非,荷兰人家庭由家族中杰出的男性长者支配一切,但是财产的法律分配(通常来说由婚姻双方掌握)以及日常的农场和公司运作,都使妇女能够不被完全拘束在家庭生活中。相反在 19 世纪,公共活动和私人生活之间的区别越发明显,这部分是因为随着政治活动的出现,公共领域变得越发显著,而除了农场活动外,妇女越发被禁锢在私人领域。但这并不是对所有妇女来说都意味着一种限制,特别是那些曾经是奴隶,以及科伊桑人事实上的女奴,妇女们抓住声望这个理念,使她们得以从一直延续到那时才终止的性别剥削以及强迫劳动的境遇中逃脱出来。

在东开普,改信基督教的科伊人是急切拥护声望理念的群体之一。因为对于他们而言,声望就意味着能过上一个真正的基督徒生活。此外,传教士使科伊人相信如果他们展现出他们文明的一面,他们就能获得政治权益。起初,随着《50号法令》的通过,传教士们看上去履行了他们的诺言。但到了19世纪40年代,传教士的热情遭到了打击,科伊人在1835—1836年(辛特萨之战,Hintsa's war)和1846—1847年(阿克塞之战,the war of the Axe)的边界战争中损失了大量的财产,他们对欧洲居民的敌意日益增长。他们的经济发展因白人歧视而受阻,同时一则传言广为传播,声称在开普将会引入由殖民者控制的议会制度,而这将导致科伊人重新处于被奴役的状态。因此,一部分东开普的科伊人——来自卡特河、改信基督教的提奥坡里(Theopolis)和谢洛(Shiloh)村庄以及一些农场,加入科萨人对抗殖民者的行列当中也就不足为奇了,这场战争爆发于1850年。

这一被不少人错误地称为卡特河叛乱的事件与1848年后十年里南非历史中所发生的两个重要事件相互交织在了一起。第一个是宪法改革。从大约1830年开始,一些开普的殖民者就不断要求在政府中拥有更大的影响力,历任的伦敦殖民大臣都拒绝了他们的要求,这是因为将南非日常事务委托给由奴隶主或是那些对殖民地和周边地区黑人有敌意的人组成的议会是十分危险的。殖民大臣的意见也得到来自殖民地的自由主义者的支持。尽管如此,到了19世纪40年代末,所有的反对声音都消失了。1846年辉格党重掌英国大权,1832年《改革法案》所建立的资产阶级民主政治使这一政党受益颇多,它天真地相信类似的条款只会给南非带来公正。同时开普政府的专制本性使得殖民地的自由主义者受到排斥,特别是在将罪犯用船运往殖民地的尝试遭到自由主义者反对之后。此外,英国和荷兰人之间的民族紧张关系也随着荷兰的精英阶层默许不再强调他们自身的国籍而得到缓和,他们转而寄希望于控制将被引入殖民地的议会制度。

之后到了1848年,英国宣布将在开普殖民地建立一个立法议会,它将由拥有财产的公民组成,而待解决的主要问题就是确定公民的标准是什么。在经过相当长时间的争论后,标准被定为所有固定资产超过25英镑之成年男性户主将有资格投票。当1853年这一标准最终通过时,开普拥有了当时世界上最民主的制度之一:大多数的荷兰人以及相当一部分之前被叫作有色人种的前奴隶和科伊桑人能够投票。尽管如此,事实上在开普议会长达66年的历史中,无论何时都没有一个有色人种当选,这部分是因为凭声望而当选的人不再被认为是有色人种,南非的第一个准男爵安德烈·斯托肯斯通(Andries Stockenström)以及英国上院的第一个南非议员 J. H. 德维利耶(de Villiers)都属于此列。只有很小一部分选民能够对他们(或是之后的非洲人)产生实质性的影响。

与这一过程同时进行的还有英国与那些将殖民地扩张到北部的欧洲人之间关系的重组。在纳塔尔地区,英国新建定居点里的男男女女开始取代那些穿越山区返回的荷兰人后裔。在高地草原,英国人意识到他们对奥兰治河和瓦尔河之间地区草率地宣示主权是个错误。一方面,这一行为使得英国人无法进一步控制瓦尔河以北的迁徙者们。另一方面,它使英国人卷入关于卡列登河谷非常复杂的政治事务中,并迫使英国人和当地的欧洲殖民者以及一些非洲人部落,特别是萨巴恩楚(Thaba Nchu)的巴洛龙人(Barolong)结盟,以对抗对这片区域有着名义上但无实际控制权的莫舒舒和巴索托人。在接下来的战斗中,以英国为首的联军于1851年在维沃特(Viervoet)(它在索托语里的名字是 Kononyana)遭到了一场标志性的失败。一年之后,得益于莫舒舒认为强行分出胜负毫无益处,英国军队才有尊严地从伯利亚的战斗中逃出来并向北转移。结果是英国撤出了嘎瑞普河以北的地区,并在1852年的《沙河协议》(Sand River Convention)中,首次承认了由彼此分立的农场主们所组成的南非共和国,它通常又被称作德兰士瓦共和国,之后又根据1854年的《布隆方丹协议》(Bloemfontein Convention)建立了奥兰治自由邦。

在这两个事件中,新生国家的制度设计都是倾向于确保欧洲裔能够占据绝对的主导权,虽然莱索托逃脱了欧洲人的控制,但也只是名义上的。在德兰士瓦,只有南部和东部的一部分地区获得了这样的控制权,即便是在这些地方,政府统治在之后的几十年里都十分羸弱,各式冲突撕裂了当地的公民社会。布尔人(作为迁徙者,他们开始定居后而变得出名了)得以大规模地圈占土地,与此同时,一些土地公司也得到了授权。通常来说,这些被占有的土地只是被用来等待价格升值,同时尽可能地剥削在土地上耕作的非洲农民以获利。在自由邦则相反,根据奥兰治河君主国时期与政府协议而出现的高度集中的土地现在开始被分散了,至少在南部和中部地区的养羊业得到了发展。这样,一个规模可能较小的管理机构却得以高效地运作。菲力波利(Philippolis)周围的格里夸人作为自由邦内的土地所有者和养羊定居者,但不是自由邦公民,在1861年反常地消失了:格里夸人认为他们的压力太大了,因而越过山区向特兰斯凯的东北方前进。与巴索托人在自由邦东部边境上的局部冲突仍然在进行,因为双方都想争夺卡利登河谷的肥沃地区。在1858年的首次冲突中,巴索托人与自由邦打成平局,他们在塔巴博休高地前集结了主要部队并全面袭击后方的布尔人农场。十年后局势反转,相同的策略却失败了,这是因为自由邦训练了充足的炮兵去炮击山间的堡垒,使得聚集在那里的牛群大量饿死,并狠下杀手彻底摧毁了索托人的农作物。在1870年谈判延长后,莫舒舒在他死前不久同意将他的王国并入到开普殖民地中,但是他的儿子莱齐耶(Lestie)只能统治缩水了的王国,丢失了卡利登河右岸的所有土地。

　　第二个重要过程发生于19世纪40年代末和50年代的科萨族。1836年阿德莱德女王省的归还以及殖民地和科萨人首领之间所达成的协议依然难以消弭两者之间的冲突。殖民者需要科萨人的土地以及非洲劳动力去耕种,而19世纪40年代爆发的一系列旱灾就如同它在南非一直以来所扮演的角色一样,加剧了局势的恶化。最终阿克塞之战(以其导火索阿克塞命名)在1846年不可避免地爆发了。这次虽然没有比十年前更好的理由,但英国政府以及南非的"人道主义者们"都认为战争是因为科萨人的行动而引起的。之后他们便毫无顾忌

54　地占有了凯河以东的科萨人领土。就此,南非历史上——或许也是非洲大陆历史上——首次或多或少地保留了原有社会结构的大量非洲人被纳入殖民统治之下。

在阿克塞之战中,英国人使用了由姆峰古(amaMfengu)部落所组成的非洲辅助军,在1835年战争期间及之后的岁月中,科萨人的土地被他们归入到殖民统治中。姆峰古人来自纳塔尔地区,为逃离和恰卡的战争而来到这里,他们虽然在科萨人的领地中待了数年,但未被同化,而是以小单位的个人和家庭抵制科萨人的社会结构,或至少在其中有自己的一方小天地。他们已经在传教士的影响下皈依了基督教,也是首批开始从事商品农业的群体之一。

对于大多数的科萨人而言,包括住在凯河的东部和西部的科萨人,阿克塞之战的失败以及开始的殖民统治肯定给他们造成了危害。如我在上一章所提到的,首要的规定必然是针对牲畜的所有和分配权,因为超过4万头的牲畜被作为赔偿拿走,导致牲畜严重短缺。此外,还限制酋长们驱除会造成不幸的巫术活动,这是殖民统治者,特别是总督哈利·斯密斯所特别禁止的;殖民当局将自身的价值观看作是"普世性"的真理,并羞辱科萨统治者。可能被忽略的是巫术的邪恶并不像外界流传的那样。1850年再次到来的战争和干旱引发的灾难证明了这一点,人们需要新的方式去战胜这种怨恨。

在这种情况下,先知姆兰杰尼(Mlanjeni)宣称他有驱除巫术的药物,他建立了一道通往"极"的大门,许诺巫师是无法穿过这道门的,而那些邪恶缠身的人可以通过这道大门而得到净化。这个巫师进一步承诺,在被净化并重新获得活力后,科萨人便能够赶走欧洲人,特别是他有能力将敌人射向被净化之人的子弹改变方向,并射到热水中。在与从卡特河和殖民地逃出来的科伊人结盟后,科萨人便开始净化他们的领地。尽管姆兰杰尼的诺言并没有实现,科萨人仍有能力去打一场在他们历史上耗时最长、耗资最大的抵抗战争。因为尽管英国人的火力远远强过了科萨人,但他们的装备要好过之前,还有从英国军队中叛逃56　的科伊人逃兵的帮助,这些逃兵都曾被精心训练过如何使用火枪。利

图 2.9　马库马：弗雷德里克·伊翁斯(Frederick I'ons)所绘，来展现他是英国人一个可敬的对手。

上面是马库马的画像,他大约生于 1798 年,是大酋长基卡(Ngqika)的第一个孩子(和其孪生姐妹所生),是大酋长基卡之后科萨人最强有力的领导者。因为他母亲的家庭背景使他无法继承酋长之位,但是他的高贵身份使他能够作出许多独立的政治行动。

19 世纪 20 年代,他开始尝试在科萨核心地区西部的卡特河谷中建立自己的统治,但这同时引发了与基卡和英国殖民当局的冲突,1829年英国将他从山谷中逐出,但他与基卡维持了和平,而基卡很快就过世了。从那时起,马库马毕生事业的核心就是领导科萨人与英国对抗。

在 1835 年和 1851 年的战争中,他是交战双方中最成功、最足智多谋的将军(他并没有参加 1846 年的战争,但却被英国总督哈利·斯密斯羞辱而誓言复仇),特别是马库马在沃特克鲁夫地区的游击战阻击的英国军队数量远超过他所指挥的军队。

在那以后,他(也许)十分不情愿地相信了被称为宰杀牲畜的预言(见第 55 页),并成为殖民当局的目标之一,因为殖民当局相信整个事件是酋长们唆使科萨人叛乱的一场阴谋。他生命的剩余时光除了中间短暂的一段时期以外,都是在罗本岛上度过的,并于 1873 年在岛上逝世。

马库马毫无疑问是他那代人中最英明的科萨领导者,他乐于与传教士(尽管没有任何迹象指出他皈依了基督教)以及不论肤色的南非人交流,以克服自身文化的缺陷。

用自然环境的掩护,特别是在卡特河西边的沃特克鲁夫和阿玛特勒(Amatole)山区,科萨人能在那里经常伏击英国军队并深入殖民地掠夺。科萨人的军队由资深的酋长之一马库马(Maqoma)领导,他经过训练,成为科萨人甚至整个南非人最出色的战术和战略家,他要向曾经羞辱过自己的总督哈利·斯密斯复仇。

科萨人的抵抗难以持续,英国军队最终碾碎了科萨人土地上的一切,烧毁了地里的庄稼,抢夺牲畜并大肆处决俘虏。在科萨人投降后,英国军队抢占了大片的科萨人领土,而给科萨人留下的是英国人任命的地方长官以控制部落酋长,以及强加给科萨人的英国人所认为的文明。1855年肺病袭击了科萨人的牲畜,并在一些地方导致三分之二的牲畜死亡,有的酋长大批的牛羊畜群几乎灭绝,这些都加重了灾难。在科萨人眼中,这片土地很明显已经被严重污染了,需要采取极端措施使它恢复健康。

两个外来者提供了解决方案,一位叫西弗巴-西班兹(Sifuba-Sibanzi,意为胸怀宽广之人),另一位叫拿帕卡德(Napakade,意为永恒不朽)。这两位神——科萨人在听了关于耶稣基督故事后而认为他们就是上帝派来的神——在一个年轻女孩农卡乌瑟(Nongqawuse)面前显形,地点是在特兰斯凯的格萨哈河(Gxarha)附近。他们告诉她,如果科萨人宰杀了所有牲畜并摧毁所有谷物和罐子,那么这个世界就会焕然一新。先祖会重返人间并带来由最好的牲畜组成的畜群,新挖的存粮坑会被粮食装满,白人将会在大海中消失,所有的一切都会变好。在少许犹豫后,随着萨希利(Sarhili)国王宣布他坚定地相信这则预言,可能有85%的科萨人宰杀了牲畜,摧毁了庄稼,或是把粮食拿去酿制啤酒。并在1857年2月17日的早上,静待他们的祖先和牲畜的返回。考虑到南非人固有的污染概念以及科萨人所处的巨大危机,这一切的发生至少是可以理解的。

那些相信预言的人都失望了,农卡乌瑟不再被视为复兴科萨人的救世主,而是导致科萨人大批量自杀的刽子手。4万人死于饥荒,许多活下来的人也被迫离开科萨人的领地去开普殖民地找寻工作。殖民政府十分高兴地抓住了这则被称为宰杀牲畜的预言所带来的机会(尽管摧毁谷物所带来的损失不只是象征性的,在经济上也很严重),他们成功地迫使科萨人成为雇佣劳工。乔治·戈雷(George Grey)总督声称,他认为这是一个阴谋,正是那些酋长一手制造了这一预言,以诱使他们的臣民去攻击殖民地,他逮捕了大部分的部落首领,并将他们用船流放,监禁在罗本岛上。这个总督利用这次科萨人宰杀牲畜事件的效率如此之高,以至于如今许多科萨人相信正是这个总督自己隐藏在格萨哈河的芦苇丛中,将预言偷偷地告诉给农卡乌瑟。

58 　　科萨人的上述想法并不单纯是对历史事实的简单叙述,而是一种隐喻——所有历史口述文本都涉及隐喻。宰杀牲畜意味着南非早期历史的结束,非洲社会结构(除了科伊科伊人)被第一次打破。尽管损失了大量的土地,但非洲人自此开始成为雇佣劳动力,并对传教士带来的信息表现出了前所未有的关注。这一过程会不断重复发生在南非的其他地方,并愈加潜移默化。

第三章 联 合

如果南非的历史继续按照 1860 年前的条件前行,它将会变成什么
类型的国家,这种大胆的推测虽然没有多大意义,也不现实,但却十分
有趣。在 1867 年,布尔人和格里夸人在瓦尔河和嘎瑞普河交汇点上方
的瓦尔河河岸发现了钻石,从那时开始,与之相关的采矿业和工业就一
直成为南非经济、社会和政治生活的中心。

在河岸上的砂矿挖掘起初并没有能力带来如此的改变,但仅仅在
数年时间里,在瓦尔河和奥兰治河之间紧邻的四个地方发现了筒状的
火山带,那里的钻石在很久以前就形成了。这些火山带的表面积多
达 12 公顷,地下随着深度增加,面积逐步缩小至不到 2.5 公顷,拥有难
以采尽的蕴藏量。凭借钻石开采,金伯利镇(Kimberley)得以迅猛发
展,短短数年内成为南部非洲的第二大集聚地,并占据了该地区出口
的 80%。

奥兰治自由邦和格里夸镇的格里夸人都声称对矿井所在的地区拥
有主权。这块区域很快就被开普殖民地与格里夸兰的其他地区(严格
来说是西格里夸兰)合并了,它们还借此宣称与自由邦的边界应当推移
到矿区以东一英里处。每个火山带的矿区所有权都被分成无数个较小
的所有单位,起初在金伯利矿区共有 470 个,每个面积都有 90 平方米,
后来这样大的面积也被再次分割抛售,直到最小的面积只有不到 30 平

方米。矿工在地表开采时并没有太大的问题,但随着他们的挖掘深入
到含钻石的蓝土层时,事情就变得困难了。只有安装架空索道,才能够
运输蕴含钻石的母岩,此外还有连接各矿井走道的坍塌、矿井被水淹没
等问题都相继出现。如果一个拥有矿井所有权的男人(不允许妇女购
买矿井所有权)想要致富,他就必须解决这一系列问题。

当然,首先是解决对劳工的需求。从19世纪70年代中期开始,一
年大约有5万名非洲人来到金伯利镇工作,除了文达和祖鲁王国以外,
他们来自南部非洲的各个部落。不管怎样,人数最多的是来自巴佩迪
以及德兰士瓦的说索托-茨瓦纳语的人。事实上,这些人在钻石发现之
前很久就已经作为外来劳动力来到南方了。第二多的是主要居住在今
莫桑比克地区的特松加人(Vatsonga)和来自山区的巴索托王国人。相
比较而言,来自开普和纳塔尔地区的人比较少,但他们大多受过教育并
且是基督徒,因而工作多是工匠或职员。他们可以在家乡附近找到那
些没有多少技术含量的工作,例如,修建从海滨到金伯利的铁路,或是
用大篷车运输货物等。

铁路最终解决了在金伯利开矿的另外两个问题,即对燃料和食物
的需求。当然,这对金伯利来说是个麻烦,但对生产商却是个机遇。一
方面,该地区的格里夸人和巴特哈滨人(Batlhaping)不计后果地追求
短期利益,在钻石开采早期便急迫地砍光了树木,将这块本就干旱的土
地彻底变得寸草不生。另一方面,特别是莱索托和东开普的农业在主
要食品市场开放中发现了商机,小农经济得到迅猛发展,尽管这只是暂
时的。

金伯利建立之初像其他因矿而生的城镇一样,充满着混乱和竞争。
一些运气极好的矿区所有权者通过开采其蕴藏量丰富的矿井而获益颇
丰,但更多的财富是蕴含在交易钻石以及与挖矿相关的其他行业中,例
如塞西尔·约翰·罗得斯(Cecil John Rhodes),他经营制冰和抽水机。
在经历了最初的混乱期后,大多数资本逐渐积聚到一起。罗得斯确信
将所有矿井合并到一个单位下运作,要比分成无数个小的矿区运作更
有效率,特别是在矿井深度不断加深的情况下,而生产商之间的竞争压

60

61

低了价格并威胁到了市场的稳定。事实正是如此,仅仅到了 1889 年,罗得斯控制的德比尔斯(De Beers)公司便合并了许多矿井,垄断了四个火山矿脉。金伯利镇也似乎日渐脱离政府控制而成了一个公司镇。

图 3.1　金伯利建立之初的旋转式冲洗矿石机械。

与这一过程同时发生并显然与此相关的是劳工管理的改变。矿主抱怨他们手下的工人偷窃钻石并将它卖给镇里的不法奸商,损害了矿主的利益,这种偷窃惯例又被称作非法钻石购买(IDB)。为了解决这一问题,矿主们将工人安置在封闭的营房中,它又被称作围居区,工人从此只有在上班时才能离开这里。这一方式将矿主对工人的控制提高了一个档次,雇主们也不再担心手下的工人会跳槽到工资高的矿主那里,工资也因此被压低,工人的纪律也有了保证。没有人想到围居区是一种非人道、拥挤不堪和不健康的居住方式。按此推论,矿主也应该将那些参与了非法钻石购买的白人工人安置在围居区内,但这在政治上被证明是行不通的,即便这些白人工人发动罢工且失败了,也不能处置他们。事实上对镇上非洲工人的分隔政策也引起了金伯利商人的不

62

图 3.2　一支印度教徒队伍正穿过德班街头。

　　来到纳塔尔的1.5万名作为契约劳工的印度人是分批自费来到殖民地的,他们的到来是贯穿西印度洋的古吉拉特贸易大迁移的自然延伸。因为大多数的契约劳工在合同结束后选择继续待在南非,故而以德班为中心形成了一个大型印度人社区。在某种程度上,在非洲的印度人社区中重现了印度次大陆的多元文化。在德班的印度人社区中,有印度教、伊斯兰教和拜火教的各种分支,有泰米尔语、泰拉古语、北印度语、古吉拉特语和其他语言,随之而来的是各式庙宇和清真寺的落成。

　　印度人同样获得了广泛的经济地位,其中少部分人经过努力设法成为相对有钱的商人,但绝大多数的印度人十分贫穷,他们作为自耕农,在德班北部的甘蔗田中劳动,或是成为工匠以及工厂工人。但不管怎样,在白人眼中印度人是一个单一的整体,他们没有意识到在印度人社会中存在着各式差异。印度的政治激进主义通常试图保持这种假象,以此获取权势和追随者,同时利用这种具有代表性的假象在印度人社区中获取特别的地位(这没什么不寻常的,南非白人的民族主义者以及许多南非政治家也做了相同的事情)。早期的印度政界全由商界精英包揽,他们通过预付的方式高效地聘请了一位年轻的古吉拉特律师甘地(M. K. Gandhi)。不管怎样,甘地采用了非暴力手段、但十分激进的方式不断挑战当局,而这与老一辈精英保持他们高人一等的地位以及贸易优势的愿望是相悖的。只是到了第二次世界大战,在一些共产主义者的影响下以及与非国大结盟后,印度政界才制定了一套激进的工作计划。

满,因为他们中许多人的生计依赖非洲人的消费。最终双方达成了妥协,白人工匠获得了特权地位并有了更高的工资,工头职位也被保留,这一切都是以牺牲非洲劳工的利益为代价的。如此一来在南非社会中产生了两个极富特点的现象,分别是工业劳动力的种族差别和黑人流动劳工住在围居区。

　　钻石矿的发展促进了南非各地区劳动力市场的整合,即便它也同样加大了熟练白人工人和不熟练黑人工人之间的差距(另外两个潜在的种类,不熟练白人工人和熟练黑人工人仍然存在着争议和不确定性)。在金伯利及其周围工作的有效性以及非洲人是否愿意步行数百英里过来工作,这两者很明显地影响了其他地区劳动力市场的构成,例如,即使在东开普,只有相对极少的非洲人愿意去金伯利工作。同一时期,非洲劳工离开纳塔尔省向外迁徙意味着需要更多的印度工人去那里种植甘蔗(这种移民首次到达南非的时间是 19 世纪 60 年代初,其动机准确地说是南非人不愿意在甘蔗种植园工作)。同样,对钻石矿的需求导致了南非铁路网络的不断延伸,而在这之前,铁路只是局限在开普,长度只有 100 公里左右。无论怎样,南非的交通网还未完成,相对于其他许多国家,交通运输仍然十分缓慢和昂贵,但是这一地区的商业一体化同样也在飞速推进。南部非洲在历史上首次迈上通向单一经济区域的道路。

而将该地区塑造成统一政治体的首度尝试也在这一时期发生。从 1875 年开始,南非政界主导了一个由英国殖民大臣卡纳冯勋爵(Lord Carnarvon)发起的意在使南非各地建立一个联邦体制的尝试。各殖民地之间大量的领土争端促使卡纳冯作此决定,特别是英国和奥兰治自由邦间的钻石矿所有权之争,以及纳塔尔省在处理与殖民地内一位重要酋长兰加利巴勒勒(Langalibalele)之间冲突时因错误的方式而造成的不快。尽管更宽泛地说,联邦政策是一个野心勃勃的尝试,它能为对这片土地的投资、劳动力的补充以及更广泛地促进非洲人文明的进步和英国的普遍利益提供一个安全的环境。可结果是这项计划彻头彻尾地失败了,这主要是因为奥兰治自由邦绝不放弃其主权,而大多数开普殖民地的政客认为联邦政策只会使殖民地背上成立新国家所需的经济开销,却无法享受到与之相伴的利益。不管怎样,这一努力的部分结果是英国吞并了一些如今被称为特兰斯凯的土地,并在不久后将其并入开普殖民地中。

为了通过建立联邦的计划,英国人加剧而非减少了在这一地区的冲突规模以及分裂的程度,这点在德兰士瓦最明显。尽管南非共和国已为其他殖民政府所承认,但它无法控制所有的法理意义上的领土。这种管辖权的冲突在东部和北部特别激烈,一方面,德兰士瓦人宣称拥有更多的领土,即便这些领地是位于佩迪政治体的核心地带,而随着短暂的淘金潮的出现,这种情况的增多都在意料之中。这些金子位于普马兰加的朝圣休息地周边的河床里。德兰士瓦人同样经受着劳工的短缺,因为非洲人都离开了农场去钻石矿工作,为此他们偶尔会强行扣留那些去南方的劳工。另一方面,佩迪作为一个政治体当时正被塞库库勒国王(Sekhukhune)①统治,国力日益增强。经过长期训练的外来劳工变得愈加有利可图,通过移民消费获利而得到的火枪增强了佩迪政治体的军事实力。此外,南非共和国施加在佩迪王国周边的各个群体上的压力迫使他们转向塞库库勒国王寻求保护。共和国和巴佩迪的竞争在 1876 年演变成战争,由市民组成的军队虽然有斯威士人的帮助,但仍无力征服佩迪的核心地区并消灭敌人,反而加重了德兰士瓦邦的债务负担。

佩迪人击败南非共和国,成为英国人抢先达成联邦协议、并最终在 1877 年吞并德兰士瓦的一个借口。最初这没有导致抵抗的发生,德兰士瓦的白人还感激英国和斯威士联合军队在 1879 年 11 月征服了佩迪人的政治体。不过,随着佩迪人威胁的消除,英国人存在的统治优势之一不存在了,而德兰士瓦人对他们新统治者的不满反而增加,在保罗·克鲁格的领头鼓动下,民族主义者日益不满英国人的统治。德兰士瓦人发起了叛乱并向英国人派来镇压的零星部队开火,而英国人还没有准备好集结帝国的全部力量去夺回这一地区。因此在 1881 年,部分是出于英国政界的内部原因,部分是对能够施加充足的压力确保必要时控制程度的自信,英国承认了南非共和国的再次独立。

---

①　有的文献里又写成 Sekukuni。他生于 1814 年,1860 年或 1861 年继任马洛塔人(通常称为佩迪或巴佩迪人)国王,统治着从瓦尔河到林波波河之间辽阔的地区。在位期间,为了免遭欧洲殖民者的侵犯,他派年轻人去白人农场和钻石矿工作,然后用赚来的钱从莫桑比克的葡萄牙人那里购买枪支和牛,实力一时大增,与欧洲殖民者相对抗。1882 年 8 月被其同父异母的兄弟曼普罗刺杀身亡。——译者注

67

66

图 3.3　保罗·克鲁格。

1825 年,保罗·克鲁格生于开普殖民地的东北部。十年后他的家庭加入了大迁徙,他获得了一块位于马格列斯堡地区的土地,成为维尔德科耐特(veldcornet),而在之后的一系列冲突,特别是与各个茨瓦纳人部落和索托政治体的冲突中,他成为南非共和国军队的一名指挥官。他是一位杰出的和成功的军人,也是一位受欢迎的指挥官。随着年岁的增长,他在共和国核心领导层中的地位日益突出,并领导反对英国吞并的活动。在重获独立后,他成为总统,并在南非战争①期间一直担任该职位,直到被英国人流放。1904 年,在欧洲享有盛誉的保罗·克鲁格在斯威士兰去世。在 19 世纪晚期和之后的一些时间里,在带有偏见和激进的英国人眼里,克鲁格被视为一个活化石。克鲁格的确是一个宗教保守派人士,也没有受过多少学校教育,但他有能力将他的"布尔人"蓝图付诸政治实践中,并十分机智地将大量拥有管理和法律技能的人才招入到政府中,而这些技能恰恰是他本人所缺乏的。

这种通过与德兰士瓦人和解来挽救联邦的尝试也付出了代价,其不仅仅由英国人特别是英国士兵所承担,更多的是压在了祖鲁王国的身上。姆潘德也许是在欧洲人帮助下才登上了祖鲁王国国王的宝座,但这并没有使他成为纳塔尔的傀儡。在 19 世纪 40 年代和 50 年代之间,他缓慢地恢复了祖鲁王国的实力,而他的儿子塞茨瓦约(Cetshwayo)在赢得 1859 年一场残酷的祖鲁内战而确保了王位继承后,延续了这一过程,姆潘德最终死于 1872 年。在塞茨瓦约正式继承王位的第二年,纳塔尔政府的塞菲流斯·谢普斯通(Theophilus Shepstone)以土著事务大臣的身份坚持对祖鲁王国的宗主权,这对于祖鲁人特别是塞茨瓦约而言,是不可接受的。

有相当一部分的殖民地白人定居者商定好要将他们的政治和经济影响力延伸到内陆地区,至少要到赞比西河,纳塔尔的宗主权要求就是这一计划的一部分,而首先他们必须消灭祖鲁王国。祖鲁王国和德兰

① 又称"第二次英布战争",发生于 1899—1902 年。——译者注

士瓦的西部领土争端给了他们这样一个机会。1879年英国高级专员巴特尔·弗雷尔(Bartle Frere)不顾一切地促进联邦的形成,一方面阻止调查团公布事实上有利于祖鲁王国的调查结果,一方面向塞茨瓦约下达了他不可能接受的最后通牒,最终引发了祖鲁王国和英帝国之间的战争。

对于英国来说,战争初期是灾难性的,他们在伊桑德瓦纳(Isandlwana)的战役中遭受了重大人员伤亡。尽管如此,一旦英帝国的战争机器全速运转,任何一个南非国家都无法与之匹敌。诚然英国人遇到了一些微小的挫折,包括正在英国军队里服役以获取经验的帝国王储之死,他是拿破仑皇室的最后一个子嗣,但英国军队最终碾碎了祖鲁人的所有抵抗,烧毁了他们的首都乌伦迪(Ulundi),并最终俘虏了塞茨瓦约,将他流放到了靠近开普敦的地方。

对祖鲁的征服是一回事,而对其建立有效的统治是另一回事。到了1880年,通过联邦来拓展英国统治的这一野心勃勃的计划最终破产。而随着中央集权的君主制的粉碎,英国人希望通过将祖鲁王国分成三个自治王国来弱化祖鲁的整体实力,由12个祖鲁贵族和一个英国人约翰·顿(John Dunn)管理。祖鲁人对这个英国人的看法十分矛盾。这种政策的结果是加剧了各个统治者之间长期潜在的冲突,这些统治者往往尽力去维持社会的旧秩序,并通过以货易货的方式拓展他们和纳塔尔地区或是德拉瓜湾的贸易联系来积累财富和权势。而在塞茨瓦约从流放地归来后,这种紧张氛围演变成了内战,直到塞茨瓦约被杀这场战争才结束。祖鲁王国的一部分被划给了德兰士瓦,后者也卷入了这场战争,而其余部分则并入英国殖民地当中。在1887年到1897年之间,英属祖鲁是一个单独的实体,之后被划入纳塔尔地区中。

在德兰士瓦的西边同样也发生了对土地极度渴望的布尔人抢夺非洲土著群体的事件,并最终导致这一广大地区为英帝国所吞并。在莫洛波河以南,白人要求对他们在自己所挑起的战争中受到的损失进行赔偿,并侵吞了大部分稀有的可灌溉土地。他们同样也抢夺了许多非

图 3.4　这幅画出自《伦敦新闻画报》1879 年 5 月的封面,在展现了祖鲁战争中混战场面的同时,也体现了英国人眼中祖鲁人的野蛮形象。

洲土著所有的林地,并将它们卖到金伯利的市场上获利。相反在河的
北边,班图人的首领在他们的领土仍然相对完整时寻求英国人的保护;
如今被称为博茨瓦纳的贝专纳保护国的诞生就源于此。相比而言,巴
索托人则通过帝国政府尽力去直接接管莱索托,从而使它从被开普殖
民地吞并的现状中解脱出来。他们为了达到这一目标,首先拒绝交出
被要求上交的枪支,但主要是在钻石矿工作,之后是确保接下来的战斗

70 代价太过昂贵以至于殖民政府只有乐于接受放弃这个山地王国。

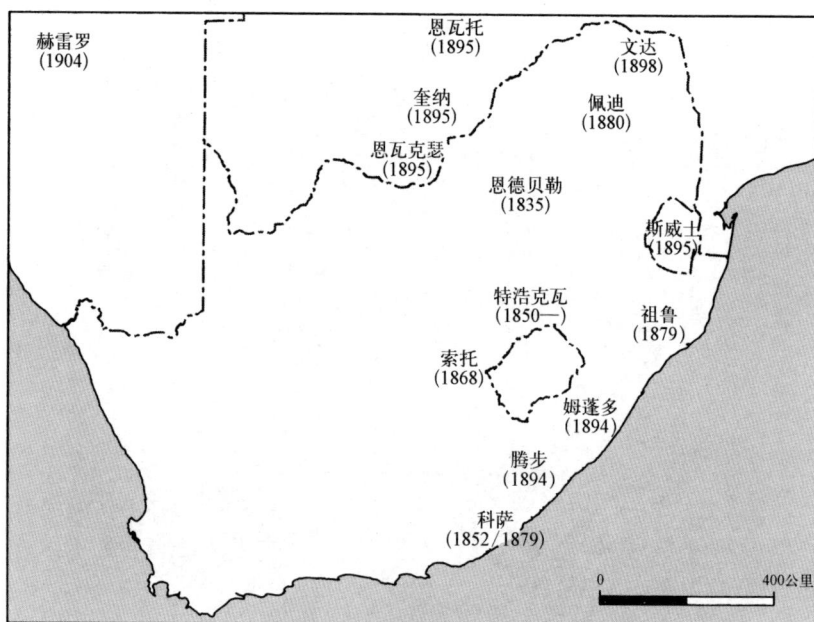

地图 2 非洲人各首长国被征服或吞并的大致时间。

联邦失败了,这一地区持续的经济一体化并没有带来政治的一体
化。尽管如此,到了 1880 年左右,现代南非的绝大多数土地都被置于
殖民统治之下,除了一些很小的飞地。飞地主要包括蓬多兰地区
(在 19 世纪 90 年代并入南非),而德兰士瓦的领地尤其是文达地
区(Vendaland)名义上由白人统治,但事实上直到 1898 年共和国才控
制这一地区。如果排除英国原先的预想,现在殖民主义已经主导了现
代南非的所有地区。

在 19 世纪 80 年代中期,因为经济急剧转变,政治游戏的规则也发生了变化。在那一时期,南德兰士瓦的山区也发现了黄金,其数量足以满足一个世纪的持续出口。

历史再一次必须在地质学的范围找寻答案。金矿广泛分布在威特沃特斯兰德(Witwatersrand)山区北部断崖的地层表面,并向南穿过瓦尔河逐渐消退。金矿在这些地层中分布不均,且总是十分稀疏。即便是在最富裕的地区,3 吨原矿石也只能提取出 3 盎司黄金(其中还未计算不含黄金的矿石,它们通常会被从含金的矿石上去除)。当然大多数矿石的含量要大幅低于此数字,或是它们的开采环境要更恶劣。尽管有这些限制,黄金可开采的量无法估计。

和宣传所说的一样,靠近地表的最富足的黄金矿藏位于一片 65 公里长矿脉的中心位置附近,而在它被发现后,该地迅速形成了一座被称为约翰内斯堡的小镇。起初的黄金挖掘规模很小,人们或凿或铲去对付表面的风化岩石。不管怎样,即使是在一开始,用机械去压碎矿石以提取黄金也是必须的。人们很快就意识到只有 30 到 40 米深原矿石会被侵蚀松散,可以用混汞法提取黄金。而在那一深度之下的金属颗粒会被压缩成发热的脉石,只有复杂的化学方法才能将它们提取出来,其中要用到大量的氰化物。同时,这种将坚硬的岩石从地底运上来,再用炸药将它粉碎的方式对后勤的要求非常高。而当小矿主在新环境下资不抵债,且难以抵抗经济的衰退周期时,将各个小矿场整合在一起运作便有了其优势并且也是可行的。在初次发现黄金后的六年时间里,总数量不超过九家的联合企业或是矿业公司各自运营着一些矿井,没有人能控制威特沃特斯兰德地区所有的金矿。他们拥有充足的资金去挖掘露出地表的岩层,操作轴承开凿主矿脉以南的岩石,并合理猜想他们会在几百、几千英尺深的地下遇到相似的地理构造。1893 年,他们一年能够产出 4 万公斤的黄金,而到了 1898 年则将近 12 万公斤,超出了当时世界产量的四分之一。这些企业借此控制了约翰内斯堡的经济命脉,并将德兰士瓦和南部非洲像同心圆那样连成了一个整体。由朱利叶斯·沃纳(Julius Wernher)、阿尔弗雷德·贝特(Alfred Beit)和弗里德里希·埃克坦(Friedrich Echktein)三人经营的被称作"隅舍"
(Corner House)的企业集团是这些企业中规模最大的。

72　　在威特沃特斯兰德黄金矿开采的头几年里,维持金矿运作的结构
性经济环境便已初露端倪。尽管黄金有一些工业和商业用途,但金属
的首要作用在过去以及现在都是世界资本货币体系的担保物,其产生
的结果便是生产者无法控制黄金价格,而像钻石企业那样组成垄断行
73　业以提升价格对于黄金而言也是毫无优势可言。因此矿场要想提升收
益只有降低成本,占成本最大的因素,某种意义上来说也是最具弹性
的,便是人力成本。

　　矿井的运作引发了南非对劳工需求的急剧增加。到了1892年,超
过2.5万名黑人矿工在威特沃特斯兰德的黄金矿中工作,而且这一数
字还在不断地螺旋式上升。像金伯利的钻石矿场一样,各个金矿为争
夺来自非洲各地的矿工而竞争。同时,来自欧洲的熟练矿工也大量涌
入。相对来说,所有的群体都被金矿开出的高薪所吸引,而忽略了他们
将要面对的危险,其中包括工业事故和硅肺病(一种因吸入岩石灰尘而
引发的致命肺病),这种病在找到有效控制方法前夺去了大批仅仅工作
数年的井下矿工的生命。此外,至少是对于黑人矿工而言,很少有证据
证明砖石和铁制的营房能够抵挡高地草原的寒冬。约翰内斯堡的海拔
高度为2 000米,每年夜晚霜冻次数超过伦敦,肺炎和肺结核的发病率
非常高,特别是对于那些从家里长途步行到矿场而精疲力竭的矿工而
言。除此之外,在1895年到1897年之间,矿场在德兰士瓦当局的支持
下开始压低付给黑人矿工的工资。

　　牛瘟病毒加剧了黑人矿工的从属地位。这种专门在牛身上发生的
疾病在1895年到1896年之间横扫南非,杀死了该地区大约90%的牛
以及相同比例的大型动物。这种病也延伸到了受采采蝇侵扰的林波波
河地区,该地因为缺乏食草动物而灌木丛生。随着牛瘟接踵而来的是
建立在通过嫁牧系统交换牲畜给女方家这一基础上的当地非洲土著社
会的瓦解,特别是在特兰斯凯地区,出现了一系列局部的千禧年运动和
其他类型的社会崩坏。

图 3.5 在朗拉格特(Langlaagte)深井金矿里的井下矿工。

在 19 世纪 90 年代中期,南非共和国才开始从永久性矿业城市突然涌现的剧变中恢复过来,这些城市是强行建构在有限政府管理下的农业社会之上的。由此产生的问题显然有很多,一个人口超过 10 万的新兴城市仿佛一夜之间突然出现在原本空旷的草地上——约翰内斯堡。它有着压倒性的男性人口,其中又以 25 到 34 岁的黑人居多。在 1898 年,每 98 个人中只有一位是女性。因此,在当时的背景下,这

74

座城市因酗酒和卖淫而喧嚣。而这也提供了比起金矿更为不正当的赚钱机会,例如,经营卖淫场所,或是抢夺那些带着几个月或是一年工钱离开城市的矿工。同时约翰内斯堡的上流社会开始发展起来,其主要由英国矿场主和经理所主导。最重要的是,这座城市需要食物、水、清洁、供暖以及矿场运作必不可少的原材料。

南非共和国的首脑是保罗·克鲁格(Paul Kruger),他在 1881 年国家重获独立后成为总统。他十分依赖德兰士瓦农业地区农场主的支持,威特沃特斯兰德矿场和政府经营的饮料厂为农场主提供了受欢迎的市场。这些农场主主要是开普荷兰人。如扬·史末资(Jan Smuts),他在剑桥获得法律学位后回到南非成为官方律师。其他则是地道的荷兰人,他们帮助筹资建设了莫桑比克南部马普托(洛伦索马贵斯)的海滨地区到威特沃特斯兰德的铁路。这是最短的一条线路,且因为途经威特班克地区的煤田获得了额外的优势。那些运营英国开普和纳塔尔殖民地铁路的人是不会感激德兰士瓦给予荷兰南非铁路公司(Nederlansch-Zuid-Afrikaansche Spoorweg Maatschappij)特权的。

到了 19 世纪 90 年代中期,国家的发展导致了两个矛盾,且在各自对手中相左的意见在加深。一方面,一些资本家认为,或至少宣称他们相信从目前的体制建构来看,德兰士瓦太原始且对外人怀有偏见,不适宜向新兴的工业提出过多的要求。他们尤其反对把外乡人(uitlanders,那些没有获得共和国公民权的人)排除在选举之外,以及阻挠他们获得公民权。不管怎样,这种观点即使之后被认为是一种可接受的布尔人式的"种族诋毁论",而事实上它仅仅是对一些资本家能对德兰士瓦政府施加影响而其他人却不能的抱怨。因此发生在 1895 年的詹姆森袭击事件(一场针对南非共和国的突然政变,由罗得斯和受他鼓动的下属发动,并受到了一些矿业巨头的支持)是给政府的一记讽刺挖苦的恭维。一些政府雇员或许在一些小事上有贪污腐败行为,但共和国本身不可出卖。

另一方面,南非共和国的发展对于英国在南非的霸权是一个挑战。金矿工业的发展彻底改变了该地区的地缘政治。在 1852 年到 1854 年以及 1881 年,对海滨的控制被认为能确保对整个南非的控制,这种认定已不再成立。此外,帝国对南非的赌注大幅提高。从 19 世纪早期开始,英国在南非存在的主要目的是防卫,这基于一种信念,即为了防止其他欧洲势力威胁到英国对通往印度航线的垄断地位,控制南非所有港口是必要的。在 19 世纪中期,殖民大臣格雷伯爵(Earl Grey)写道:"对英国来说,将在南非的领地局限于开普敦和西蒙湾是再好不过了。"1880 年左右,许多不列颠领导人,例如卡纳冯勋爵,尽管他可能不是格雷事业的继承者,依然秉持这一观点。1886 年后,随着德兰士瓦在世界首要战略矿产——黄金,也就是金钱的出产量上占据相当大的比例,一切都变了。

到了 19 世纪 90 年代,至少有一部分大不列颠的统治精英已意识到国家暗藏的金融弱点。这使他们认清了 1890 年伦敦金融城银行的领头之一——巴林银行(Barings)危机的本质,当时英国的财政大臣乔治·戈森(George Goschen)也适时地表达了看法。而这一点可能并没有被他的前任私人秘书米尔纳勋爵(lord Milner)所遗忘,米尔纳勋爵在 1897 年成为开普殖民地的总督以及英国驻南非的最高专员。两周一次的定期船运将黄金运送到伦敦,这使得伦敦的金融市场能够确保不用在英国银行的金库中建立庞大的黄金储备便能维持英镑(英国货币)的霸权。英国在 19 世纪 90 年代的政策并不是由获得金矿的实地控制的原始欲望所决定的,英国人十分精通如何非正式地施加必需的影响力这一技术。不管怎样,黄金生产确实干涉到英国人的重要利益,他们需要确保黄金生产环境是最佳的,并确保黄金被运到伦敦,而像柏林则无须如此。

在 19 世纪晚期,英国政治家不会公开宣传他们的政策目标是控制金矿和黄金生产;或许他们甚至都不会在私下里这么说。许多人尽管对此已有具体的概念但都拒绝接受这一想法,相反,他们声称他们的目标是在南非保住英国的霸权,而不是去控制黄金矿。不管怎样,德兰士瓦的行政管理方式易于矿场资本家接受的想法将会被转变成易于政治上接受的模式。如上所提到的,德兰士瓦特别是约翰内斯堡容纳了大

76

量的不列颠人(和其他欧洲人),他们被称作外乡人而被排斥在政治活动之外。如果他们获得了充分的南非共和国的政治权利,那么殖民政府将会更顺从于英国的利益。此外,被认为是耻辱的外方人对不列颠人的歧视也会因此结束。

图 3.6　塞西尔·约翰·罗得斯。

　　1853 年,塞西尔·约翰·罗得斯生于英国的比夏史托福(Bishop's Stortford)。他因为健康问题来到南非,之后在进入政坛之前,他在钻石矿上赚取了一大笔钱,并最终成为开普殖民地的总理。他在威特沃特斯兰德矿区下的赌注起初相对较少,主要收益来源于南非北部,他的英国南非公司在那里殖民了如今被称为津巴布韦和赞比亚的地区,并在殖民期间以他自己的姓氏命名。

其个人私利十分自然地与理想主义式的英帝国主义联系在一起，他围绕詹姆森袭击事件所采取的行动便是受此影响，同时也是为了使德兰士瓦更适宜资本主义的发展，拓展英国霸权并将他在北部的冒险推到一个统一的南非身上，而这个统一的南非包括了以他自己姓氏命名的罗得西亚地区。

在南非战争期间，罗得斯在金伯利的围城中被俘。他一向不好的身体再也没能康复，最终死于 1902 年，遗留下来的大笔遗产主要留给了牛津大学的罗得斯奖学金基金会。他从未结婚，喜欢和男人在一起。

一连串的辩论体现了当时弥漫在英国贵族中的另外两个偏见，即认为政治冲突中种族是主要因素(英国人和荷兰人被认为是两个种族)，以及南非的主要冲突是英国和布尔人的矛盾。英国首相索尔兹伯里勋爵(Lord Salisbury)在年轻时曾游历南非，他当然也从他所尊敬的人那里听闻了类似的观点。因此外方人争取权利这个议题给予了南非共和国的资本家和帝国主义者(在这个背景下两者尽管联盟了但相互立场截然不同)相当大的压力并迫使他们联合在一起。其结果是英帝国的殖民大臣米尔纳勋爵对南非共和国的无理要求逐步增加，最终到了 1899 年，克鲁格(Kruger)发现摆在他面前的是被英国吞并和向英国开战这两个选择，而德兰士瓦的选择是和奥兰治自由邦结盟并向英国开战。

接下来发生的战争通常被称作南非战争、布尔战争，或是按南非白人民族主义者的说法叫第二次解放战争。这场战争是到目前为止，南非殖民史上最大规模的军事冲突，其规模远超参战双方的预期。德兰士瓦人期望英国人能像 1881 年那样，在损失一两支军队后达成协议，而英国人则对两个月内开进比勒陀利亚充满自信，双方的幻想都破灭了。英国人输了数场战役，但是这愈加坚定了他们继续战争的决心，他们不能允许输掉战争所引发的英国国际地位的下降，而这场战争也标志着英帝国主义的扩张热情达到了巅峰。因此英帝国的战争机器缓慢地开动了起来，到 1900 年 3 月为止，英国军队在南非的人数已达 20 万。他们的目的是去征服两个完全由白人组成的共和国(妇女和小孩包括在内总人口为 30 万,而当战争结束,十分之一的人死于战火)。

战争持续很长的时间,丧失了众多生命和物资,这是因为一些布尔人的将军,特别是库·德·拉·雷(Koos de la Rey)在金伯利南部和路易斯·博塔(Louis Botha)在纳塔尔北部发展出了一套现代化的防御技术。他们在莫德尔河(Modder River)的河岸、马赫斯方丹(Magersfontein)丘陵旁的平原以及图盖拉河上游的德拉肯斯堡山麓丘陵挖战壕,利用毛瑟枪组成的快速火力以及无烟火药带来的隐蔽性击退英国人的进攻。而英国指挥官在军校学习的是旧式战争模式,因而他们必须在实践中学习处理超出他们经验的新情况。尽管如此,最终英军依靠自由邦和北开普平原上的数量优势,以及纳塔尔的土地击垮了布尔人。1900 年 6 月,战争爆发后的第九个月,英国人占领了比勒陀利亚,而在不久前,保罗·克鲁格已经离开,经马普托流亡到荷兰。

英国人希望就此结束战争,但是他们错了。在之后两年中,骑马的布尔突击队员袭击英国的通信设施并深入开普殖民地展开突袭。英国人对此的反应是洗劫高地草原上的农场并烧毁庄稼,修建碉堡限制布尔人的机动性并尽可能地把支持共和国的南非白人驱赶到一起。他们用船将男人运离这个国家,而女人和小孩则被关入集中营,数千人在那里死于传染病。共和国的半数白人不是成了战俘就是被关在集中营里,而这成为南非白人支持民族主义的理由。但到那时为止,有组织性的南非白人的抵抗瓦解了,来自农场主家庭的人坚持的时间最长,他们希望维持他们的特权。而那些佃户则更容易投降,甚至加入了英国军队,因此,使他们忠于显贵的纽带已经断裂了。

共和国决定投降,部分是出于承认他们已深陷绝望中,同时也为了避免妇女和儿童受到更多的苦难,但除此之外还有许多东西值得探究。人们设想这场战争是在欧洲人中进行的。在这个设想中,非洲人和有色人种是作为辅助人员、行李搬运工、车夫等存在的,而在开普,肯定有许多人通过为英国军队和南非白人的运输人员提供后勤,获得了尽管短暂但相当多的财富。不管怎样,非洲人被认为在这场白人的战争中不偏向任何一方。比起白人,英国人对待德兰士瓦和自由邦被占领地区的非洲人比对白人更加严酷,而布尔人向他们遇到的任何携带武器的黑人开火。即便是在开普殖民地的内陆,那里当地的南非白人通常都同情共和主义者,在至少一起不出名的案例中,一个有色人种——铁匠被认为向英国人通风报信而被用私刑处死。

非洲人和有色人种对此看法不同,几乎都毫无例外地高度支持英国人。甚至是在东开普,那里与英国人战斗了近百年,但共和国对非洲人的过激政策足以压过了对英国殖民统治历史上的厌恶。在别处,南非白人对战前农村的统治以及一些布尔突击队员的暴行迫使有色人种转而效忠英帝国。

在德兰士瓦,更为直接。严格意义上来说,军事行动很少见,只有一支布尔人突击队在祖鲁人的袭击中被消灭。准确地说是非洲人趁德兰士瓦武装部队被消灭夺回了那些最近被欧洲人征服的土地,他们认为这原本就是属于他们的。在西边,巴克加特拉(Bakgatla)将所有匹兰斯堡的财产记号都撤销了,并将这片土地视为原住民领地。白人的库存被大量盗窃,有时则是转让给了(通常没有付钱)英国军队。租借合同被取消,从战场上回来的男人发现他们原本的农场被黑人占据,而黑人已经准备好用武力强迫白人承认这一切。即便是德兰士瓦的军队指挥官同时也是南非未来的总理路易斯·博塔在姆普马兰加省(Mpumalanga)的农场,也被非洲人告知他"没有产业"在这里并"最好赶快离开"。共和国的政治和军事领导人决定用和平控告的方式去对抗他们早就料到会发生的社会秩序的崩溃。

在结束战争的弗里尼欣(Vereeniging)和约签署后的1902年,英国人吞并了德兰士瓦共和国和奥兰治河地区的几块殖民地。尽管这些殖民地没有统一,高级专员米尔纳勋爵对这四块殖民地享有最高权力,另外再加上英国保护地:巴苏陀兰(Basutoland)、贝专纳兰(Bechuanaland)和斯威士兰。斯威士兰利用战争避免了被德兰士瓦吞

80

并的威胁,而贝专纳兰则逃脱了在詹姆士袭击事件的余波中被分割成归属津巴布韦和开普两部分的命运。那么接下来问题来了:新南非将会是什么样的?

这在南非历史上不是最后一次发生,回答是:从许多方面来看,新南非和旧南非是一样的。英帝国和南非白人共和国的战争重建并确保了英国在南非一家独大的地位。无论这场战争可能引发了什么其他情况,它肯定不意味着财产权和白人对占南非人口多数的黑人霸权的取消。尽管在德兰士瓦的众多乡村地区,这些权利在战争期间受到了威胁,但是战后人们做了大量的努力去恢复它们。在一场谨慎的集体行动中,黑人被解除了武装,当然黑人也确实获得了一些金钱作为上缴枪支的补偿。德兰士瓦和奥兰治自由邦的英国殖民当局确保了农场主能重获战前属于他们的农场。

这不是一个明确清晰的过程。因为首先南非白人农场主曾比其他任何人都长久地支持共和国抗击英国人的战争,并被认为是最反对英国霸权拓展的人。而英殖民当局确实尽力在前共和国的土地上安置一些英国人和英裔南非人,但是因为人数太少而没有取得任何效果。第二点是英国人的调停使他们卷入了两个成型中的最具争议的南非社会议题,即周边的黑人土地所有权以及劳动和租用条件。

在共和国时期,德兰士瓦和奥兰治自由邦的绝大多数土地都被分配给了白人,英国人正在努力保护和还原这些财产权。无论如何,这些财产权的获得都是通过一些特别的方式。南部自由邦的养羊的大牧场曾长期成为资本主义农场的发源地,从这个意义上来说,该地区也是开普殖民地的卡鲁平原的延伸。在更北边,土地由个人和大公司均分,后者基本上是等土地价格上升而赚取投机利润。同时他们也很乐于将土地租给非洲人,并通常签订分成租合同。事实上成功的企业家例如艾萨克·刘易斯(Isaac Lewis)和萨米·马克斯(Sammy Marks)都认为非洲家庭是高地草原上最有效率的生产单位,他们在弗里尼欣的产业(其横跨瓦尔河直到约翰内斯堡的南部)中包括运营了 22 座农场,作为一个大规模的分成租运营来说是十分卓越而成功的。个体农户经常参与类似的实践,因为德兰士瓦城镇中的市场正逐步向农业生产开放,这使他们能够积累(土地上保持共和主义者头衔的佃农)必要的资本去独立运营农场。

对德兰士瓦和奥兰自由邦的当政者,无论是共和主义者或是之后的英国人的欢迎热情并没有增加。在南非所有的共和国中,都引入了限制独立运营农场的非洲家庭数量的法律,并希望借此更公平地分配非洲劳动力。不管怎样,这些法律并没有起效,而英国政府期望通过鼓励农民雇佣劳动力来促进有组织的商品农业发展的举动也徒劳无功。当政者甚至被法院强迫授予非洲人购买土地的权利,在德兰士瓦英国直辖殖民地的黑人土地所有权出现了重大增长,正如与之前曾经出现过的,也总是被传教士所坚信的那样。对黑人佃农和其他农民的严重袭击一直到统一后才出现。

北部省份种植商品农业的非洲农民阶级正沿着与东开普的农民相似的道路前行。在那里,新市场的开放以及运输设施的缓慢改进导致了非洲商品农业的稳步增长和繁荣,农民使用牛拉犁种植玉米、蔬菜和其他农作物。这种增长和繁荣是在铁路只在白人土地所有区通行而远离非洲农民集中地区的情况下发生的。其结果是导致了西斯凯和特兰斯凯地区非洲人口经济上的严重分化,一部分人从这种发展中受益,而另一些则没有并通常伴随着自己土地肥沃度的下滑。独立耕作的农民也能在纳塔尔地区找到,尽管比例可能比东开普的少。在这些殖民地中,这种形式的经济活动总是和基督徒——在纳塔尔被称作豪尔瓦人(amakholwa),而在东开普敦则被轻蔑地称为考博卡人(amagqoboka,意为有心理疾病的人)——联系在一起,在北边也同样如此。尽管在德兰士瓦和奥兰治自由邦,佃农和城镇人口中相当一部分人加入了非裔卫理公会主教派(AMEC)。它是由非裔美国人在南非创建的,但一度摆脱了它的创建者的控制。在这一期间,它表现出的是政治和宗教激进主义,这与它原先由美国和欧洲传教士所定的追求社会名望这一皈依的目标是相冲突的,因此它引起国家统治者的不安并不是完全没有理由的。

82

83

图 3.7　1870 年左右可能在东开普地区举办的上层婚礼，显示了一些富裕的非洲人开始展现出自身地位，以及对白人社交圈价值观的认同。

80

在战后的几年里,整个国家越来越多的非洲人有机会避免为白人工作。在重建过程中伴随的阶级统治的恢复伤害了非洲人的农业生产,而即便是在战后经济低迷的环境下也有充足的市场为非洲人的农业生产服务。非洲人不公平的收回土地的方式引发了部分白人的强烈反应,在某种意义上来说纳塔尔的这种情况最严重,那里许多非洲人认为做矿工要比在当地农场工作更赚钱和吸引人。为了增加非洲人对正式劳动力市场的参与度,纳塔尔政府设立了人头税。这种税收在非洲人中所引发的担忧加剧了白人对班巴塔(Bambatha)式起义(以祖鲁反叛的领导者命名)可能再次爆发的恐慌。那场叛乱被证明是非洲人对殖民统治最后的武装抵抗,而至少按早期殖民战争的传统来看,这种叛乱很容易被镇压。

劳动力缺乏的类似问题也在折磨着威特沃特斯兰德的黄金矿厂。矿主没有准备好支付给非洲人有竞争力的工资,所以非洲矿工的数量下滑了。对矿主来说雇佣大量白人作为不熟练工人也许是可行的;甚至在战前,地处乡下的南非白人已开始流入约翰内斯堡,1902年之后这一数字继续增加,因为佃农(bywoner)的处境变得愈加的不稳定。不管怎样,白人的工资要比黑人的高一些,这是因为白人劳动力能够施加政治压力,而种族等级制度不能忍受白人工资更低这种侮辱以及贫穷的黑人被认为更能忍受贫寒这些原因。其结果是一个纯粹由白人工作的矿场实验迅速失败了,即便这个矿场的矿脉在地质上来说是最适宜开采的之一。

在这样一个恐慌的时刻,矿主提出的解决方法是从中国引入契约劳工作为不熟练工人工作。从1904年到1907年期间,大约有6万名这样的男性(以及两名女性,其中一名很快就返回家乡)被引进。不管怎样,这个方法带来了相当大的成本。首先就矿场自身来说,必须要在白人矿工同意建议之前与他们达成协议。这一方法产生的结果是首次在劳工中进行了十分明显的区分,一边是熟练工人和监工,他们几乎全都是白人;另一边是占大多数的非熟练工人,他们由中国人和非洲人组成。这使得种族歧视在国家的主要行业中根深蒂固。

84

85

第二,是导致了直接的政治代价。德兰士瓦的英国当局许诺在几年内将代表大会引入新殖民地中。米尔纳勋爵身边的人遵照传统帝国主义模式,希望能够劝说足够的移民前往德兰士瓦,使那里的英国人能在涉及选举权的白人男性人口中占到大多数(应当承认他们也是欢迎英国女性去移民的,但这主要是为了防止英国男性去找其他国籍的南非白人或更糟——非洲人做伴侣,而这会使他们无法实现帝国的目标)。不管怎样,围绕中国劳工议题的流言蜚语也许导致了这类移民数量的减少,尽管战后几年的经济低迷可能应对此负更大的责任。更重要的是围绕中国劳工的争论让人民党(Het Volk,一个由前布尔人将军路易斯·博塔和扬·史末资——那时的纳尔逊·曼德拉和塔博·姆贝基——领导的政党)获得了民粹派的支持。

人民党在 1907 年德兰士瓦选举中的胜利在某种意义上是对英帝国主义计划的打击,正是这个计划导致了南非战争以及之后的重建计划。如果说英国人的卓越地位是依靠这个国家被英国血统而非荷兰裔的南非白人统治的话,那么在这之后并没有发生,因为从这之后没有一任南非政府的首脑母语是英语。但如果不用狭隘的民族主义观念去看待这种卓越地位,而是从社会秩序的构建的角度来看,这个社会秩序满足了英国和其他公司能相对轻松运作,体现英国社会的典范——当然在这一时期也包括对非洲人的镇压——以及仍然会对英帝国效忠这几个条件,那么人民党的胜利是这种卓越地位迈向根深蒂固的重要一步。1907 年新德兰士瓦政府出动军队镇压矿工罢工的举动短期证明了这一点,尽管其更隐秘的动机是为了增加南非白人获得矿井监督岗位的工作机会。而从长远看,四个殖民地或许将在三年后组成南非联邦是可以预见的。

南非联邦成立于 1910 年 5 月 31 日,路易斯·博塔成为首任总理。像所有这类自愿加入一个主权国家进而形成更大的国家一样,在这一过程完成之前会有许多艰难的谈判过程,大多数谈判都相继发生在 1908 年 10 月到 1909 年 5 月之间德班、开普敦和布隆方丹举办的全国代表大会(National Convention)的会议室中。在全国代表大会中,

图 3.8 全国代表大会的代表们，1908—1909 年。

所有的白人代表都由来自四个殖民地的富有经验的政治家组成(还有三位来自罗得西亚的观察员,罗得西亚希望最终也加入到联邦中),他们达成了一系列满足他们最低底线并成功维护各自议会的利益的让步协议。等他们完成这一切后,英国议会也通过了组建这个新国家的法案。

从某种意义上来说,政治上的联合是对早已发生的经济和社会统一的承认。各代表就不同殖民地的海关税率统一问题未能在谈判中达成一致。人们有理由相信政治上的合并能刺激南非经济的发展。尤为重要的是,联邦能否解决围绕铁路运价所引发的争议,这是位于印度洋和大西洋分水岭地区的经济核心地带人们最关心的问题。

人们在减少对联邦经济核算的基本水平要求的同时,也低估了数量正不断增长的南非民族主义者的感受。一旦战争所带来的短暂灾难过去,那些支持英国沙文主义且排斥荷兰裔南非白人的人转而更加强调国家观念,尽管他们的目标人群仅包括白人且特别是男性。米尔纳的人口计划并没有让英国人在这个国家,即便是在白人中,占到多数。一种新的南非白人民族主义开始在传统的民族企业家、小镇老师、律师和牧师中产生,这些人正在寻找共和国在这场战争中失败的原因和代言人。这种南非白人民族主义已经发展到了被视作是一种威胁的程度,它通过尽可能地合并吸纳了一些南非白人的领导者。对于其中大多数的领导者来说,他们已经准备好放弃共和国的那套排外的种族理论,这是因为他们意识到联邦和帝国的联系可能将会加快经济发展,而这将使他们的追随者受益匪浅,此外因为他们已经有了一定的选民基础,即便种族主义的政治观点再次泛滥,他们也不会输得一干二净。从这个意义上来讲,1910 年的选举只不过是 1852 年以来开普政治活动在更大舞台上的重演。

在全国代表大会进行的过程中,为了成立联邦达成了一些折中协议。其中包括对新国家首都的安排:行政和国民事务安排在旧德兰士瓦的比勒陀利亚,议会坐落在 1 300 公里远的开普敦。从此以后南非将为这一安排付出惨痛的代价。更糟的是作为最高法律机构——最高法院的上诉庭是位于自由邦的布隆方丹。似乎只有通过这种方式才能调和两个主要殖民地相冲突的诉求。

　　第二个重要的妥协关系到非洲人和有色人种的公民权与政治融合。殖民地有相互冲突的传统,在旧共和国,只有白人男性有权投票。纳塔尔的情况大体相同但更有效率,尽管有一小部分黑人勉强挤入了这个有最严格种族歧视的政坛中,而印度人无论身份如何都被拒之门外。相反,在开普殖民地,是否有投票资格要看经济水平,这意味着大多数的白人男性(1909 年大约是 80％)和一小部分有色人种与非洲人(分别是 13％和 2.5％)有公民权。因为选举权的经济条件是地产必须是由个人所有,这大大缩减了非洲黑人选民的数量,因此它将那些生活在西斯凯和特兰斯凯公共土地上的人排除在外,无论他们是多么富有。没有正式条款规定议会成员必须是白人,但实际上只有白人。不管怎样,黑人已经有了相当数量的选民,特别是在东开普地区,这使他们有能力对选举结果施加潜在的影响。此外,公民权被黑人和白人两

89

图 3.9　比勒陀利亚的联合大厦,这座壮丽的建筑建成于 1910 年,也是中央政府所在地。建筑前的雕像是路易斯·博塔。

方都视为一种特权和奖励,因而在某种程度上对他们也是一种激励。

在全国代表大会上达成的妥协还包括维持四个殖民地现存的公民权。这意味着将冲淡黑人选票的效果,当然只有男人才有权投票,尽管授予白人妇女投票权的计划正在着手进行中。此外,只有白人才能成为议会成员的规定被正式颁布;附带条款包括将任命一些议员代表非洲人的意见。

以上这些建国的准备工作带来的是黑人的大量抗议。特别是在开普殖民地,至少在 19 世纪 80 年代后,西方受过教育的精英已经发展了一种鼓动(选民的)方式。而在科萨人眼中,这样的政治行动取代了未能保护他们独立地位的武装抗争形式。正如诗人 I. W. W. 西塔诗(Citashe)所写的那样:

> 你们的牲畜离开了,我的国民们!
> 去保卫它们!
> 抛下后膛枪!
> 拿起手中的笔。
> 拿起纸和墨,
> 它们才是你们的保护者……
> 不要再去霍霍(Hoho)①
> 用你们的笔战斗。

大多数身穿白衬衫、深色外套,受过传教士教育的科萨人和姆峰古人在开普议会投票的目的是希望他们的请愿、政治活动和提高身份地位的请求,能捍卫乃至拓展他们的政治权利。这些要求通过当地报纸《人民之声》(Imvo Zabantsundu)和《班图人权利》(Izwi Labantu)加以协调。两份报纸的编者分别是约翰·藤古·贾巴吾(John Tengu Jabavu)和 A.K.索加(Soga),创办的目的是与白人政党相抗衡。在西

① 1878 年,独立的奇卡人最后一任酋长散迪勒(Sandile)战死的森林。

开普,在有色人种的精英中也出现了相似的进程,特别是在 A.阿布杜拉赫曼(Abdurrahman)领导下建立的非洲人政治组织出现后。

此外在其他殖民地,人们通过加入类似的但规模更小的组织参与到这一行动中来,特别是在纳塔尔的豪尔瓦人。他们做了许多工作,例如委派一个代表团去英国议会请愿,抗议组建联邦的南非宪法的通过。但是不管怎样,这些行动没有取得任何成效。英国政府更关心如何让南非白人与帝国步调一致,而非黑人的抱怨。英国人更乐于将南非变成一个由白人统治、有自己议会以及委派一个代表英国王室的总督的国家,就像澳大利亚和加拿大那样。他们认为四个殖民地中的黑人意见并不重要,尽管英国确实在巴苏陀兰、贝专纳兰和斯威士兰这几个保护国并入到南非时,曾经制定过从未如此严格的条件。人们徒劳地希望开普的自由传统能适时地传播到国家的其他部分,但最终南非联邦在建立时是一个相对单一的国家,各省的不同特点被极大地限制了,这与其绝大多数民众的愿望是相悖的。

第四章 巩　固

　　四个殖民地的统一并没有要求或导致文化的一致性，即便是在白人当中也是如此。反而它为潜在的冲突公开化提供了机会。首要的争端集中在南非国籍的内容上，仍然有人不愿意接受南非战争的结果：整个地区被并入英帝国中，这点在第一次世界大战爆发后产生了明显的影响。大量的南非白人对路易斯·博塔总理突然参战的决定感到惊骇，一位将军和他的一些手下一起叛逃到德属西南非洲；而在西德兰士瓦，一小群南非白人发动了叛乱，但很快便被镇压了，甚至都没来得及被加入到滋养南非民族主义的神话中。为此，总理重新回归军旅，出任将军，亲自领导了南非对西南非洲的征服，而在 1915 年之后这一地区便由联邦管辖，至少在初期或多或少地成了南非殖民范围。

　　1914 年的反叛并不是什么严重的政治事件，也根本没有机会获得短暂的胜利。更具威胁的行动来自詹姆士·赫佐格(J.B.M.Hertzog)，他是前奥兰治自由邦的法官和将军，也是首届由南非党主导的联合内阁的成员，直到他在 1914 年辞职并组建了国民党。这个新的政党(1910 年后赫佐格亲自上阵)到处宣扬，要建立一个白人的南非。不管怎样，只有当荷兰人和英国人在获得权力和资源方面同等时才能实现这一目标。然而情况肯定不是如此，对其人物地位的最终评价是：他极大地推动了改善讲荷兰语的人在国营企业中的地位。只是到

了 1920 年南非白人所讲的荷兰语才成为南非的官方语言之一。尽管
如此,赫佐格的南非人民族主义和正在迅速发展的、更加排外的南非白
人民族主义之间的分界线在实际操作中相当模糊。

南非白人民族主义的必然结果是——无论是赫佐格的干涉主义说
法或是更自由、更英国化和更中产阶级的,由史末资提出的各式说
法——都是将黑人从政治议题中赶出去并成为白人的永久的奴仆。
从 1910 年起到 20 世纪 40 年代,这一政策以种族隔离之名付诸实践,
种族隔离——字面解释为"保持分隔"——从好的一面来看是在尽力维
持白人霸权的同时,允许非洲人沿自己的轨迹发展,无论这对非洲人来
说意味着什么。而从最糟糕的一面来看,维持白人霸权是这一政策的
唯一目标。起初这种政策并不是由资本所驱动的,尽管如果在事实上
采取了违背矿主利益的方式,那么它将很难继续维持下去。种族隔离
是一项保守政策,按通常意义上来说是家长式作风的政策。它的目标
是尽可能减少在工业化和社会变化中,人们认为非洲黑人社会可能会
造成的破坏。当然这种减少必须要在欧洲人权力继续保持的限制条件
下进行。而如何准确地达到这一目标则是需要讨论和实践,而非教条
主义,除去被错误的信念驱使的进程,它认为原始而和谐的非洲社会的
持续存在才是非洲人发展的基础。

这些种族隔离概念的结果是导致有政治抱负的非洲黑人中产阶级
再无容身之所。从联邦建立的第一年起,事实上包括这之前,对于具有
政治意识的非洲人来说,因为受白人政治逻辑和种族隔离观念发展所
驱动,白人南非政府倾向于侵蚀黑人所享有的权利这一事实是很明显
的,而要想保护并扩大这些权利就需要新形式的政治组织。

在 1912 年布隆方丹的会议上,纳塔尔的一位教育界领导人约翰·
L.杜博(John L.Dube)提议成立南非土著国民大会(SANNC),并参与
总统选举。11 年后它的名字被改为非洲人国民大会(ANC,简称非国
大)。到那时为止,它还不是一个能有效挑战种族隔离发展的组织,起
初该组织由受传教士教育的基督徒精英掌控,参加该组织第一次大会
的主体便是福音会的牧师。在之后的几十年中,它仍然遵循请愿和代

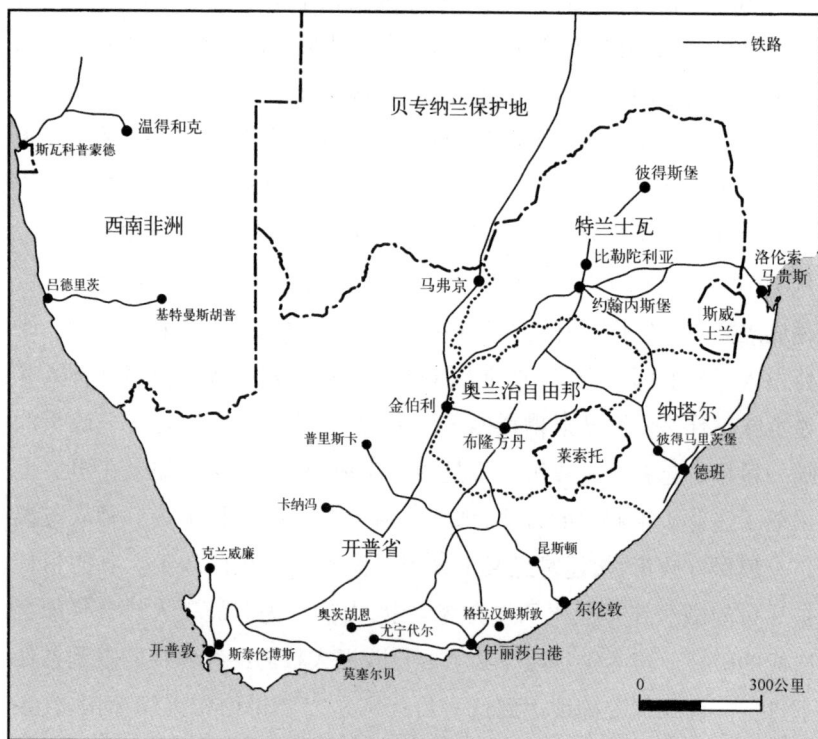

地图 3　南非联邦。

表团的传统,并没有什么大的效果。不管怎样,它的名字参考了当时世界上第一个反殖民组织——印度国民大会党,并通过甘地,两个组织之间有了联系。南非土著国民大会作为非洲人发表意见的国家论坛的象征作用非常大。它的潜力终将被释放。

在联邦中,南非国籍的人口仅仅不到 600 万,其中超过三分之二的人是纯黑人血统,五分之一是纯欧洲血统,四十分之一来自亚洲,而有色种族则少于十分之一。人口一直在以每年大约 1.87% 的速度稳步增长;到了 1948 年人口几乎翻番。非洲黑人在人口中所占比例也在不断增长,但速度很慢,到 1948 年仅仅比建国初高了不到一个百分点。1911 年,稍多于五分之一的非洲人住在南非的城镇中。50 万在城镇工作的男性中,大约有 60% 是在工厂工作,其中金矿是雇用人数最

图 4.1　南非非国大代表在英国，1914 年 6 月。后排从左至右：沃特·鲁布萨纳牧师（Walter Rubusana，副主席）、索尔·姆萨勒（Saul Msane）；前排从左至右分别是：托马斯·马颇克拉（Thomas Mapokela，发言人）、约翰·杜博牧师（John L. Dube，主席）、苏尔·珀拉吉（Sol Plaatje，秘书长）。这张照片显示出，早期非国大所营造的受人尊敬的氛围来展现给白人和英国决策者。

多的。相反，16 万被雇用的女性中（与男性的比例是 1∶8），超过 80％是从事家政服务。

　　这些数据来源于 1911 年的人口普查，事实上能够进行人口普查是新南非国家权力的象征。在 1911 年 5 月 7 日后的一周内，政府工作人员原则上会拜访每个南非家庭并登记姓名、年龄、婚姻状况、职业、住址，等等。当然工作人员会遗漏掉一些人，但数量可能不超过 5％。虽然如此，就覆盖度来说，这依然是一项重大成就，借此，政府机构能够将触角伸到国家最偏远的地区。

　　此外还有其他为现代经济而建、贯穿整个国家的基础设施继续拓展的迹象。例如在 1910 年，国家有超过 12 000 公里的铁路线，相当于每 161 平方公里的南非国土面积上就有 1 公里长的铁路。到了 1933

95

年,这一数字升至 21 500 公里(或者说是每 90 平方公里平均有 1 公里的铁路)。现代公路数量的增长要更晚,因为汽车和货车的数量到了 20 世纪 20 年代才开始增长;到了 1948 年有超过 40 万辆汽车和超过 11 万辆其他车辆。1910 年国家邮局的数量是 2 644 家,在 1948 年升至 3 200 家。人们看上去有理由相信在南非几乎没有人需要走超过一天的路程去最近的邮局,或是 26 500 家几年后领取了执照的日用品杂货商中最近的一个。

在主要城镇中,邮局和商店作为日常商业机构为周边的大型人口聚居区服务。而在农村,特别是在非洲人拥有土地的地方,即便是在土地公有,邮局和商店成为连接农村家庭和国家经济的重要纽带。在特兰斯凯、祖鲁和塞库库兰(Sekhukhuneland)以及德兰士瓦的其他地区(事实上还包括大部分的保护国和纳米比亚)都开始使用现金,因为在矿井和城镇其他地区工作的移民经常通过邮局汇款的方式向农村寄钱。之后这些钱通常被花在当地的商店中。现金经济、国家对税收的需求、劳动力市场和通讯基础设施将整个国家连接得更为紧密。种族隔离的目的并不是为了分裂国家,而是要维持种族等级制度。

为实现种族隔离,首次尝试将目标瞄准了农村地区,那里的农场大多不再为白人所有。其结果是 1913 年《土著(或黑人)土地法》的颁布,它在非洲人保留地和白人农场区域之间划了一道明确的法律界限。它在南非地图上勾画了两种土地范畴并下令禁止将一个范畴的土地转变为另一个。这实际上意味着非洲人再也不能在白人地区(以及保留地中)购买土地,除了在开普省,法院驳回了这则法令,因为它使黑人无法获得必要的资源成为选民。《土著土地法》颁布的结果是南非大约 87% 的土地被划定为白人的土地,而非洲黑人居留地起初只有 7%,到了 1936 年增至 13%,尽管这些年中进行了许多必要的土地购买。同时,该法案将黑人使用白人土地并用除了劳动力以外的其他任何形式作为报酬的行为定为非法。换句话说,佃农分成制是非法的。

和其他所有立法一样,土地法是它的制定者和支持者欲望的一种表现,也是恐惧的逆向结果。在接下来由爱德华·泽武(Rev. Edward

96

Tsewu,他是一位长老会牧师,并带着他的会众加入到了非裔卫理公会主教派)支持的法院制定的 1905 年决议中,非洲人可以在德兰士瓦购买并用他们自己的名字保有土地。除此之外,佃农被认为享有与农场主平等的地位,农场主不再是他的主人,这是对白人宣传的等级制度的颠覆。不管怎样,土地法可以将在白人所有土地上工作的每个黑人重新定义为农民的奴仆,从而被迫服从于歧视性的主仆法律。因此土地法具有完成反土地革命者工作的潜能,这些人在南非战争后从土地所有者手里重新获得了北部省份农村的控制权。

　　土地法造成的直接结果是在该方案立即实施的北自由邦的一些地区,佃农大批离开。南非土著国民大会的秘书长苏尔·珀拉吉(Sol Plaatje)写下了第一批(也是最好一批)南非的游说新闻稿。他描述了曾经富裕的农民如今的困境,他和他的家庭被从他们曾长期拥有的农场赶到了高地草原的寒冬中。不管怎样,许多人被要求去劝导即便是身处自由邦地区的白人农夫放弃与熟练黑人农夫的有利可图的佃农合同。他们被要求在财政上资助建设种族主义者的愿景,但许多人并没有这样做。而一波贯穿整个北自由邦的暴力浪潮适时地解除了对白人义务警员的束缚——强迫其维持不平等的社会关系。在德兰士瓦西南方偏远的干旱沙地中,佃农分成制和作为其前提的一定程度上的平等一起仍然延续到了第二次世界大战之后。

　　背后推动土地法和超越法律的强制执行的并不完全是殖民主义者。它也能证实南非村镇农业的合适的经济关系的具体显现,对其最好的描述是资本主义。在 20 世纪初的前 20 年里,保留区外(事实上也包括保留区)农业生产的价值不断稳步增长。这种增长显示了农业市场的相应增长,包括海外但更多的是内部市场。政府通过 1912 年建立的土地银行提供资本促进其增速,并刺激白人农业沿政府所认为的现代化之路发展。同样地,越来越多的农民在与分成制佃农的合作中积累了足够的财富去摆脱这些佃农。农场主和他们的管理者对农场工作的纪律要求也在稳步提高,其结果是随着分成制的废止以及更糟的,将严守纪律作为给予土地耕作的交换,劳工的自主权不断减少,他们正从

98

图 4.2 路易斯·博塔和扬·史末资。

相对独立的经营者逐步沦为农业无产阶级。就如之后一场集会中所表现的那样，年轻人几乎不可能获得足够的资本去支付彩礼从而成为婚后独立的一家之主。他们通向社会地位成熟的道路被封锁了。

这一切在进行的过程中也遭到了挑战，黑人劳工像他们在世界上的其他同行一样，尽其所能地去抵消这样一种身份、地位的变化。这也许可以解释一些秘密和匿名的案件，例如用洗羊的消毒水下毒或是点燃麦垛。在 20 世纪 20 年代晚期，抵消这些变化的努力发展成为一个重要的政治组织，并广泛传遍了整个国家，被称为非洲工商联合会(ICU)。

非洲工商联合会由原籍马拉维的克莱门茨·卡达利(Clements Kadalie)在 1919 年成立于开普敦的码头，它在农业劳工中找到了最忠诚的追随者，这听起来可能多少有点奇怪。在这么做的同时非洲工商联合会改变了它最开始自称的受人尊敬的工会模式，这原本是白人顾问所规划的。这些顾问也许对西开普的产酒农场工人按照传统的工会运动模式开展斗争心生敬意，当然这种运动的领导者不是什么共产党员。顾问们肯定不会欣赏非洲工商联合会之后所变成的那种大规模的佃农运动，特别是当这场运动的目标常常直指白人统治。事实上它的名字在莱索托语被翻成了 Keaubona("我看见你了"，或更通常解释为"我看见你了，白人！")。它的最大支持中心是在自由邦、德兰士瓦南部和纳塔尔，在那里，受过普遍教育的领导者能够在几年的时间里便鼓动起大量的农场工人，这些工人希望重新获得土地以及他们或他们的祖先所失去的社会地位。非洲工商联合会的成功事迹寥寥无几，尽管它偶尔可以通过法院对黑人申诉者发放一些补偿，而更普遍的情况是参与到非洲工商联合会活动中的佃农很有可能会收到来自农场主的驱逐令。当地情况决定了非洲工商联合会是否能在特定地区受人欢迎，例如在彼得马里茨堡(Pietermaritzburg)北部的乌姆沃蒂(Umvoti)，当地农民将原本的佃农模式的农场改成了金合欢树种植园，去满足新市场对用作鞣革的树皮的需求。在这场改变的过程中，当地农民将许多家庭从这片土地上赶走，丝毫不顾他们已在这里工作了好几代。因此该地区的反抗斗争或许是整个国家最为激烈的也就不足为奇了。

99

此外还有三点有关非洲工商联合会更进一步的内容。首先是对于它的所有失败(它的失败和分裂情况在几年的时间里逐渐减少),人们应该看到这是黑人第一次在一个统一组织的领导下,召集大量遍及整个国家的黑人去反抗局部压迫。在城镇、白人农村以及我们将看到的黑人居留地中,成百上千的非洲工商联合会红色成员票被售出。

第二点,在几十场非洲工商联合会领导的当地运动中,明确而有力地展现了非洲工商联合会的意识形态,让人常常将其与继续上一代或是上两代黑人反抗殖民者的战争联想在一起。事实上,卡达利(Kadalie)不受黑人信任,是因为他没有提及恰卡、莫舒舒或是辛特萨的事迹,而现在的非洲工商联合会通常被认为将去夺回祖先的土地,而在此过程中祖先将赐予他们力量。而在特兰斯凯外,这种观点内含的千禧年说没有得到充分地表现,同样,这场运动也从未充分利用种族优越论,而它能更容易地吸引注意。虽然如此,这种千禧年和种族优越论仍然作为暗流清楚地展现给大众。

第三点,至少在纳塔尔的部分地区,非洲工商联合会领导的运动对非洲黑人社会中的男性统治提出了一些挑战。当地的中心议题之一是当局试图禁止酿造和销售乌特施瓦拉(utshwala)①和高粱啤酒,而女性控制了酿酒业并从中获利。当局希望通过这种方式增加对男性劳工和地方啤酒屋啤酒销售的控制。1929 年,这种控制尝试在韦纳(Weenen)等地引发了一系列女性发起的大规模示威游行,游行中的妇女将自己打扮成男性祖鲁士兵的模样并提着祖鲁战斗棍棒。女性的怒火并不仅仅指向政府,也同样包括那些看上去在啤酒上浪费自己的积蓄却不拿去供养自己家庭的男人。因此,这类社会抗议的爆发绝不会是最后一次,它不仅仅是对正式政治秩序的冲击,也是重建社会关系的一次尝试,它教导人们不要简单地将受压迫的底层群众全部归为一类。

在南非联邦成立时,外来劳工早已成为南非所有非洲黑人居留地经济中的重要组成部分,大多数的家庭都有外出打工的人。通常,为数

① 南非祖鲁语,一种类似啤酒的饮料。——译者注

不多、不从移民经济中获利的家庭分为两种：一种是一家之主已从矿厂退休，但他的儿子还没有到外出打工的年纪。另一种是富人特别是酋长，但他们的财富也有部分来自所辖地区中外出打工者及其家庭的税收。尽管如此，外出打工仅限于人口中的很小一部分——符合年纪的男性。其造成的结果是，那些外出挣钱的和没有挣钱的，女性和她的男人，资历深的和后进者之间关系的持续紧张。在早期，特别是在特兰斯凯的部分地区，移民仍然与他们的出生地有联系，并通过预支工资和牲畜交换的方式为他的家庭买房。但最终这种做法被认定为非法，而这给了工人们足够的理由中断合同，因为人们认为在经过一年矿场的危险工作后返回家乡却发现用工资换来的房产没了，这是令人十分不安的。不管怎么样，此做法显示了老一辈们为了维持与农村的联系所做的努力。此外，它从广义上来说是成功的，移民所挣的钱都再投资到居留地的农业经济中，其程度以 1930 年为例，特兰斯凯牛的数量是 12 年前的 2.5 倍，羊则是 3 倍，此外领地内的玉米产量在 1925 年达到了顶峰。

101

　　自从农村妇女在前殖民时期不再有权干涉她们的丈夫后，性别之间的关系便更加复杂了，因为妇女失去了要求丈夫回家或是共享财产的合法权利。妇女的影响力有可能来源于男人对维持家庭的需要或是在自家田地上工作而男人能从中脱身，一旦男人承认他要出去打工，他就需要付给他妻子一些钱以供她生活。仍然有男人离开家乡再也没回来，将妻子和孩子丢在农村的产业中，这从过去一直到现在都是许多南非家庭的真实一幕。而在城镇中的女人则会迷住打工者，拿走他的钱，离间他和家庭的关系，在农村的神话中被描绘成女巫的形象（这样的女性对此则有不同的看法，如我们将要看到的）。而已婚在外打工的男性则相反会担忧他留在农村的妻子的忠诚。

　　由于这种高度紧张的氛围，在南非的许多农村地区出现了新传统主义的思想观念。它的具体内容在各地也各有不同，这取决于该地区确切的前殖民基础和它所要应对的多变的特别环境。不过，所有地区的核心特征都包含了强调男权至上，重塑男性阳刚之气（随之而来的是外出打工的问题，它取代了战争所带来的危险）以及修复酋长制度。仅凭这种观念便可以将农村社会在男性大量流失的情况下团结起来,并确保妇女和男性之间恰当的从属关系。在这种情况下,妇女要么选择离开农村去城镇开始新的前途未卜的生活,要么默许这种低人一等的身份。大多数人选择了后一种,因为她们习惯在这里生活,而且这种新传统主义的思想要求男性保持和农村的联系并汇寄一大笔工资回来,从而使得妇女们能够分享外出打工的成果。

102　　　新传统主义的思想观念或许会被表述为抵制欧洲,特别是在特兰斯凯和西斯凯的部分地区,那里有许多人拒绝穿欧式风格的衣服(也反对欧洲产的衣服),仍然用赭石颜料化妆。由于这种习惯,他们被称作amaqaba(意为脏兮兮的人,或是英语的红人)。虽然如此,他们承认了酋长制的重要意义,因而接受了居留区的殖民统治观念,而南非的白人统治者正不断对这种观念加以发展和传播。

　　1849 年的《格伦·格雷(Glen Grey Act)法案》(Glen Grey Act)试图将个人土地使用权引入西斯凯和特兰斯凯的部分地区。即便是在这些地区,因为非洲人认为从最低限度来看,土地也是由父系家族而非个人所拥有,所以这个企图并没有成功。不论是统一之前还是之后,当局所谓的原住民政策通常致力于维持原有的习惯法,例如土地公有权和主要权威。在这一过程中,习惯法和主要权威被重新定义,或至少更为僵化,以确保年长者和贵族一如既往地拥有社会支配地位。借此,这种所谓的原住民政策与黑人新传统主义者的理念达成一致,并深深地影响了统一之前的殖民地的所有举措,可能特别是对于纳特尔人而言;而这在事实上帮助了纳特尔人与联邦达成和解。甚至在开普,特兰斯凯政府做法的短期目标也不是像 1853 年的《开普宪法》、许多自由主义的传教士尤其是受传教士教育的非洲精英所设想的那样,在政治和社会上将非洲人同化成欧洲人。1927 年政府所通过的《土著管理法案》(后被重新命名为《黑人管理法》)引发了人们的抗议,因为它正式确立了酋长和头人在居留地政府中的地位,并授予总督"南非所有原住民的最高酋长"的头衔。

　　一系列的变化,例如居留地全部并入到南非中,以及一连串的干旱和牲畜疾病重创了非洲人的农业生产,这些都激起了非洲人的反抗。抵抗的形式在各地大不相同,但通常得到了正在发展中的非洲人宇宙观以各种方式的调和。因此,1920 年左右,在传教普遍开展的西斯凯,伊诺克·米吉马(Enoch Mgijima)能够使大量的追随者相信唯一得到拯救的方法是逃离这个崩坏的世界并找到新的耶路撒冷。这是对 18 世纪摩拉维亚教义的模仿,伊诺克·米吉马通过在特利西(Whittlesea)附近谢洛(Shiloh)的传教士接触到了这种教义,同时掺杂了一些科萨人和姆峰古人针对污染的观念,这种观念在令人绝望的牲畜大屠杀事件后并没有消失。尽管又一次地千禧年灾难并没有到来,而米吉马在布尔霍克(Bulhoek)建立的社团则使政府惊慌失措,并以 200 条人命为代价解散了它。20 世纪 20 年代末,在北特兰斯凯地区,非洲工商联合会也被解释为一种净化和革新:红票以及屠宰猪被认为是判定非洲黑人能否从毁灭中得救以及登上离开地球的飞船的标准。在非裔卫理公会主教派(AMEC)的传教以及由黑人领导者马库斯·加维(Marcus Garvey)①创始,由威灵顿·布特莱齐(Wellington Buthelezi)在特兰斯凯推广的自由解放观念中,都描绘了这幅景象。

尽管有大量的男性因为外出打工而离开农村,但在靠近莱索托和特兰斯凯边界的赫歇尔多山地区爆发了一场 20 世纪 20 年代持续时间最久的地区性反抗活动,它主要是由女性发起的。在经历了近 20 年的干旱后,该地区的贫困状况意味着任何中央政府的干预,特别是土地登记,都会遭到激烈地反对。这场斗争在表面上看充满了矛盾。一方面它利用新传统主义返回原始非洲社会的观点,同时与威灵顿·布特莱齐保持联系,使它潜含了千禧年的观点。另一方面,它是由女性基督徒因为贫穷使她们无法买得体的服饰而发起的,并借此谴责她们男人的怯懦。非国大(而不是非洲工商联合会)与这场反抗保持着联系,但是在这场运动中日渐发展的激进主义使它难以和以保守主义为特征的非

① 1887—1940 年,黑人民族主义者,出生于中美洲的牙买加,曾领导回归非洲运动。——译者注

国大坐在一起。即便参与者的个人经济实力十分弱小,但她们作为消费者集体对当地交易场所的抵制产生了很大的影响。甚至是在远离国家经济中心的地区,这一武器仍然很有杀伤力。借此,这场反抗再次显示了南非社会的普遍习俗在多大程度上团结了这个国家。

104

图 4.3　20 世纪早期所拍摄的一只生活在国家公园的狮子。

　　一直到 19 世纪,南非高地草原和干台地高原是世界上哺乳动物群最集中的区域之一。特别是跳羚大量地生活在这片土地上,并偶尔成群地迁徙,就像数以百万计的当地动物一样。它们和其他动物一起成了非洲王国有组织猎人和欧洲掠夺者的目标,这些欧洲人配备了马匹和火枪,这使他们能够完全依靠猎物的肉维生,甚至有少部分人靠象牙交易发家致富。尤为重要的是,等级森严的英国军队团体开始将屠杀野生动物视为一种"运动"。大量的牧民只能生活在卡拉哈里以及采采蝇大量出没的普马加兰低地,骑马的人因为那里的生态环境而无法渗透到那里。在其他地方主要的野生动物是豺狼,它们靠牧羊者的羊生活,尽管牧羊者为此与它们进行了长期的斗争。

之后到了 20 世纪的早期,大型动物(它们一度是不需付费的商品)已经变得稀少了,只有富有的白人才被允许去猎杀它们,而他们这种对动物的专属权也象征着他们对国家的殖民统治。而如果有非洲人为了食物或是钱去打猎,则会被扣上偷猎者的罪名。仍然拥有大量大型动物的地方被划为国家公园,白人可以去那里游览但不可以射杀动物。最大、最著名的公园在靠近莫桑比克的边界上,被称作克鲁格国家公园。为了建成公园,大量住在公园范围内的非洲人团体被迫迁走,而那些试图潜入这一地区寻找食物的人则会被严厉处理。之后,这片被清理干净的荒野就可以被用来给游客拍照,例如这只野生狮子。

第一个非洲人成规模的居住的城镇是开普敦。从 19 世纪中期开始,男人以及一些妇女来到开普殖民地工作,主要是在伊丽莎白港搬运船上的货物,很长一段时间里,这里是姆峰古人唯一以涉海搬运货物的地方,此外,还有非洲人在开普敦卸载货物。在德班也有非洲劳工的早期社群,他们通常在欧洲家庭和花园中以及更严格的商业环境中工作,在这些工作中,雇主和雇员之间都有着很深的误解。特别是欧洲人计算时间的方式——小时、星期、长短不一的月份以及同时包括干季和雨季的年份,这些与非洲人使用的完全不同,他们的时间划分主要取决于天文现象。 105

在一些城镇特别是德班和伊丽莎白港中,非洲人起初是住在城中的不同区域,并建造各自风格的建筑。而在开普敦,非洲人分散居住在城中较为贫穷的区域,除了在码头和铁路工作的工人,他们因为工作被强制居住在营房中。但不管怎样,到了 19 世纪末,非洲人逐渐被从城镇中靠近白人的地方驱逐出去,被迫搬到城市郊外、被分隔开来并受到严密控制的乡镇中。在开普敦和其他地区,瘟疫的威胁使得白人相信非洲人携带着各种疾病,而南非城市独具特色的居住隔离则是第一种隔离防疫形式。事实上,这种方式所创造的贫民窟本身就是极度不健康的,特别是肺结核会在其中快速传播。但不管怎样,这一切基本上都 106

被局限在这片最贫穷的区域和人群中,因而也不会对立法者造成任何威胁。

在南非,管理城镇中非洲人聚居区的法律在各省都有所不同,事实上各个城镇就有区别。例如在自由邦,非洲人不能拥有或是出租不动产,只能居住在雇主的家中或是市政公共场所中。相反,在约翰内斯堡,出现了一些非洲人所有的十分拥挤的区域,例如亚历山大镇、紧靠北郊的索菲亚镇以及市区一些散发着恶臭的庭院。不管怎样,1923 年通过了《土著(城区)法》,统一了各地的法规并提供了清扫贫民窟的可能性。与技术层面上的理由及法律条款交织在一起的是一个更广义的理论,其著名的核心内容的阐述者是查尔斯·斯塔拉德上校(C.F. Stallard)[1],他声称南非城镇是为白人而建的,而黑人只有当他们为"白人的需求服侍"时才可以进入那里。

这一立法暂时只是影响了居住在城镇中的非洲人,而在它得到充分贯彻之前,这种状况持续了好多年。到目前为止还没有对向城市移民加以控制的尝试,因此在城镇和县城中出现了两种主要的非洲人类别,一类是外来劳工,包括但不仅限于在矿场工作的劳工。来自南非各地的人因为矿工这份工作而连接在了一起,特别是来自特兰斯凯、莱索托和莫桑比克以及包括博茨瓦纳、纳米比亚和更北方的人,他们十分厌恶极为糟糕的矿工生活。在 20 世纪 20 年代的任何时候,将近 18 万名在金矿工作的黑人中,大约有 55% 是来自国外,而剩下来的绝大多数来自特兰斯凯和西斯凯地区。对这些人(他们都是男性)来说,矿工生活是在国内或是国外农村生活的一种延伸。矿场工人通常是为白人矿主工作,因此在科萨人眼中,这是一种"抢夺",这与在别人宅地周围工作是不同的。但不管怎样,这种工作帮男人维持了他们在农村的地位,充分地保持了他们一家之主的形象,尽管滋养这种观念的环境正在逐渐松动。

采矿场所在制度上被设计成获得最大经济效益,而不是为了人们

---

[1] 1871—1971,出生于伦敦,早年毕业于牛津大学,后到南非参加英布战争。在第二次世界大战期间,曾担任史末资内阁的矿业部长。1937 年至 1971 年间,任威特沃德斯兰德步枪团的名誉上校。1971 年 6 月 13 日在度过 100 岁生日后的第九天去世。——译者注

所向往的社会关系的和谐。但矿工们仍然凭借相当的创造力建立了一个新规则,以便能够承认在他们进入食人族领地(巴索托人,民间传说如此称呼)时所抛弃的价值观。在某种程度上这种承认是可以被预见到的,在矿井工作经常面临岩石滚落的危险,曾专属于战场上的权威关系在地面矿场和地底重建,男子气概也被重新定义以便探索新环境,而好武的传统能轻松地应付这些。例如巴索托人就以他们的勇猛且是唯一能挖新矿井的人为豪,而不仅仅是去保护经济生态。另一个例子则更令人惊奇,成年男性对女性的性别权威在满是男性的矿井中也有了新模式,一些青少年被当作女性看待,因为他们刮脸、精心打扮(且经常穿有冒充胸部的衣服),在床上十分顺从,因而能被成年男性接受。这些年轻人知道这种"矿井婚姻"只会在他们的生命中持续很短的一段时期,并能给他们带来一笔不菲的收入。通过这种方式,他们能够很快存够给农村女方家的彩礼,从而无论是在家庭中还是之后的矿井工作中都能做一个真正的成年已婚男性。

第二种类型的城镇非洲人,包括那些长期生活在贫民窟或是远离欧洲人直接控制的地区的人,以及住在棚屋或是雇主家后院小屋的人。到了1936年,超过半数的城镇非洲人不与欧洲人混居,其中超过五分之三的人是以家庭为单位生活的。禁止所有非洲人分开居住的1923年法案规定直到有足够的住房给所有住在城市的非洲人居住后,才得到了有效的执行。同时,贫民窟依然存在于许多城市中,而除了有正式工作岗位(包括第二产业和服务业,特别是为白人服务的家政服务业)的人之外,许多非洲人都设法在欧洲人主导的经济之外谋取收益。特别是对于女性而言,向占城镇多数人口的非洲男性提供啤酒(以及性服务)成为其生计的主要来源。

从许多方面来看,城镇很明显成为前殖民或者说是前工业结构制度的延续和转变的试验场。在开普敦,奴隶制度的遗产依然很明显地影响着有色人种的手工匠人,他们多数是穆斯林。而随着印度种姓的相互排斥为契约合同所取代,在纳塔尔的印度人中,不断在家族中重申的男性主导地位也同时在印度洋两岸被削弱。

108

在非洲人中,可以辨认出上述两种类别。男性大多与出生地保持着联系。在一个叫东伦敦的主要科萨人城镇中,非洲工商联合会分裂出去的一个分支组织了一个聚会,其目的是发动一场针对铁路和港口公司董事会的大规模罢工,他们受到了非洲人如辛特萨和对抗白人百年战争的其他英雄一般的欢迎。在许多地方,其中包括德班和贯穿约翰内斯堡东西的无数矿业小镇,无数在家政业务工作的年轻人互相集合在一起,再次为了领土、女人以及劫掠白人经济而得的战利品而战。这些被称为"阿玛莱塔"(amalaita)的群体是前殖民时期组织形式的延续以及之后将长期危害南非城市的黑帮组织的先驱。

农村的制度无法在城市中重建,即便是改变形式也不行,因此城市也是避免农村社会制度压迫的避难所。阿玛莱塔成员从农村来到城镇的目的可能就是逃避年幼时支配他们的长辈权威,很明显当他们来到城镇后便拒绝承认这种权威,因而当他们回到农村社会时可能会如他们本应该想到的那样遇到困难。而对于众多住在城市的女性来说,可能就更热衷于这种想法。从 19 世纪末开始,许多成年男性抱怨妇女们不再尊重他们并且去城镇过着一种淫荡的生活。这种观点甚至导致 1898 年在莱索托爆发了一场叛乱。这些抱怨代表着男性对新的城镇生活给妇女增加了获得自由机会的反应。大部分离开农村的已婚妇女要么是被丈夫抛弃后来城镇找寻他,要么是为了逃避一场压迫性的婚姻(这种情况以年少的居多)或是成为寡妇后与亡夫兄弟的婚姻。

对于这些女性,和事实上是在城镇生活的大多数黑人来说,生活是不易的。而挣钱的压力以及正在完善中的社会体系的不确定性,迫使黑人非法酿酒,但同时也引来了次数逐步增多的政府对小镇的突袭以便逮捕并捣毁非法酿造啤酒的人员和场所。在这种环境下,个人的不幸十分普遍,因而应该要对此有所回应并加以疏解。老一套的关于巫术的解释依然可行,但可能吸引力大不如以往。因为受血缘关系的影响,这种方式在世界各地都很有市场。站在他们的立场上出发,以找到新方法去解决南非社会的苦难为核心,人们发展出了一套新形式的基

督教,其中较为典型的是以依靠上帝恩典治愈疾苦——特别是那些遭
受身心疾病的人——的先知为核心的锡安会。当然这些宗教并不仅限
于在小镇中传播,在祖鲁地区和斯威士兰的农村中有许多带着一套详
尽神学理论的人,而他们最主要的信徒是定居在南非城市中的非洲
妇女。

图 4.4　约翰内斯堡罗伊聚居区(Rooiyard)正在露天酿造蜂蜜和准备食物的场
景,20 世纪 30 年代由艾伦·赫尔曼拍摄。

　　伴随着治愈教会的大规模扩张,各种形式的基督教信仰都在南非
有所发展。教会依然继续主管了非洲人的教育,新一代的精英也都是
基督徒,并为白人对其在国家中身份地位和权利的承认而战。在 20 世
纪 20 年代和 30 年代,黑人的精英政治家,特别以非国大为代表,依然
习惯顺从于白人的统治。而教会也没有向南非城市的政治不公发起挑
战,它最有创举的行为发生在曼雅诺斯(科萨语 manyanos)——妇女祷
告团体,它们存在于历史上各种教会中,给那些为了维持她们自己及其
女儿们的基督教身份而斗争的人提供慰藉和支持。

111

图 4.5 以赛亚·申贝。

以赛亚·申贝（Isaiah Shembe）（1867—1935）是拿撒勒浸信会（Isonto LamaNazaretha）的创建者，这幅配图就是他带着他的男性信徒在跳舞，他可能也是那一代人中最大的南非教会领导者。一方面，他仅仅自称是先知的众多教主之一，其教义直接或间接来源于P. L. 勒鲁克斯牧师（Rev.P.L. Le Roux）——美国伊利诺伊州锡安城道伊牧师（Rev.J.A. Dowie）的特使，后者建立了广为人知的锡安主义教会。这些先知声称他们拥有治愈疾病的精神力量，并以此使信众皈依基督教。大部分的这类教会规模很小，存在时间也通常取决于建立者先知的寿命，但是有一个例外，来自塞库库兰的勒克甘亚内（lekganyane）家族建立的基督教锡安主义教会成为现代南非三或四个最大教会中的一员。而在另一方面，申贝之所以吸引了大量祖鲁信徒的原因，一是他在赞美诗方面很有天赋并形成了一套自己的风格，二是他为这一代的祖鲁人所面临的问题，例如旧的社会组织消失等，提供了解决方案。他是一个基督徒，但不接受欧洲传教士所宣传的西方文化理念，例如他提倡一夫多妻制。在德班北部山区中的埃库帕卡门尼（Ekuphakameni，意为"崇高庄严之地"），他建立了一个"神圣之所"，他的信徒将其修建成，在白人统治南非的艰难世道下，作为他们的精神寄托和慰藉之地。

在路易斯·博塔（Louis Botha）去世的 1919 年，南非党的领导权和首相职位都交给了扬·史末资（Jan Smuts），而赫佐格继续领导反对党——国民党。其他白人的政治力量主要有纳塔尔地区的不列颠民族统一党和更有影响力的劳工党，它背后的支持者是威特沃特斯兰德的工人阶级。其实各党派之间的差别并不大，当然它们的重心不同。史末资的政府要对一些主要的种族隔离措施的出台负责任，特别是 1923年的原住民（城市地区）法。但不管怎样，它的对手国民党显然要比它更支持南非白人民族主义者的计划，而南非党则要比劳工党更关注矿主的利益。

113

图 4.6 两名女性在公开祈祷。

　　基督教允许女性在公众场合祷告,而这在更多男性主导的未殖民地区是不可能的。在传教士发起的教会中(最早是卫斯理教会,之后各种教派都发展了起来),女性群体集中在一起,并从 19 世纪末开始逐步变成正式的组织团体。被人称为曼雅诺的成员都有自己的统一服装。她们为妇女们特别是那些正维护自己和女儿清白的人提供了一个能让她们摆脱炼狱般的城市生活、舒缓情绪的场所,并为躲避酒精及其附属品影响的人提供社交场所。妇女们能在这里表达自己、讲道、祈祷以及寻找慰藉。尽管这一组织也受到了认为宗教团体应该更多从事政治和社会事务的人的批评,但它仍然成为非洲妇女基督教精神表达的中心。

　　这些政策最后的结果是致使政府陷入南非战争后到 20 世纪 80 年代之间面临的最大的一场危机,也就是 1922 年的金矿大罢工。它也被叫作兰德起义。它像之前的黑人矿工罢工一样,发生于第一次世界大战结束后的经济萧条期。在经济方面,这场罢工爆发的原因是矿主试图在众多岗位上,用工资更低的黑人矿工取代白人来降低成本。但这场冲突并不仅仅限于工资问题,英国裔和荷兰裔的白人工匠通常都有一定层次的生活水平,他们和家人一起住在小房子里,甚至能有一个黑佣。当然工作安全和安全防护标准也是冲突爆发的原因,而如果排除其他原因,仅从这几点来看,那么这场斗争同样牵涉了白人矿工的妻子,这也难怪他们会如此充满激情甚至使用暴力的方式,像她们的男人一样参与其中。

在这一事件中,政府宣布戒严令并调动军队和民兵镇压了罢工。起初有至少150人死于反抗,另外有4人在之后的审判中被吊死。但不管怎样,人们公认这种冲突从长远来看对所有的当事方都是不利的。这一冲突带来的是矿场企业、白人矿工以及国家政府为了共同利益相互作了妥协和让步,而这是以损害多数黑人矿工利益为代价的。

兰德起义的结果是南非党输掉了1924年的选举,转而由国民党和劳工党联合执政,组建协议政府,赫佐格成为首相并一直留任到1939年。这届政府的主要目标是保护"文明劳工"的利益,具体内容是指将这些劳工的生活标准达到欧洲也就是白人应该有的水平。这很明显是一个双重政策,在维持那些已有这一生活标准的同时,提高那些还未达到这一标准的白人的生活水平。政府希望借此团结白人工人的代表,这些代表正试图促进那些因为贫穷而被迫离开农村来到城市的南非白人的利益,在他们的假想中,这些白人物质水平的提高是与南非白人种族主义及其政策紧密相连的。白人希望借此使南非白人国家获得新生。

文明劳工政策和南非白人种族主义因此被紧密地锁在了一起,但这不意味着它们就完全相同了。前者在1922年协议被撕毁前没法在矿井推行,但是能够利用矿井税收得来的国家收入推动铁路建设,并成立国有钢铁公司伊斯科(ISCOR)和南非电力公司(ESCOM,之后的Eskom),它们都是在史末资政府时期成立的,董事长都由范德比吉尔(H.J.van der Bijl)担任。这些公司和矿井一样,都必须在盈利需求和白人劳动力(这一事件中主要指荷兰裔白人)的工资压力之间找到妥协之策。

除了尝试用国家和主要国有经济企业来发展南非白人经济优势之外,从大约1913年起,南非白人民族主义者开始通过两种途径来促进民族事业。其中一个主要方式成功地将分散的来自开普农场经济的南非白人资本联合在一起,形成了两个大的联合公司"南非国家畜牧公司"(SANLAM)和"南非国家信托公司"(SANTAM)。这两个公司一个是英国资本,一个是犹太人资本,两者在投资和运营上相互抗衡。第二个途径涉及文化和政治,《国民报业》(Nasionale Pers)①成为一个发表民族主义观点的新闻报业公司,1918年,秘密组织——兄弟会成立了,它致力于促进基督教国家文化的发展。不管怎样,直到20世纪30年代为止,该组织还没有形成让它日后臭名昭著的政治蓝图。

1929年10月,纽约证券交易所停止交易,引发了一场长达十年之久的世界经济危机,危机结果也影响到了南非,但对各经济部门的影响方式互有不同。第一年对每一个人都是煎熬的,商品农业因为需求降低和全球价格下滑而遭到重创。但无论如何,英国和美国政府为稳定货币汇率所作的贬值尝试刺激了黄金价格的大幅上升,而这导致了南非黄金生产和价值的增长。1940年的黄金生产量比1930年增加了31%,而如果换算成英镑,则比十年前多出了160%。来自矿井的收入也蔓延到了经济的其他部门,并引发了长期的经济繁荣,时间从大约1934年一直延续到20世纪60年代。继20世纪30年代黄金价格上升所带来的强劲推动力之后,第二次世界大战的爆发则进一步推动了经济的增长,这一方面因为盟军的船运需要利用南非的修理设施,而更重要的是因为进口受到了限制,而盟军在中东和南亚的部队则为南非打开了潜在的市场。

---

① 1915年成立于开普敦,南非最大的报业集团。1994年后发展为跨国互联网和媒体集团,在130多个国家提供服务,主要业务为互联网通讯、视频娱乐和印刷媒体。2001年,以3 400万元收购了腾讯46.5%的股份,创造了股权投资的一个神话。——译者注

第二产业的扩张源于伊斯科钢铁公司在 1934 年的投产,这使当地的钢铁产量急剧上升。小型的机械车间、金属加工和铸造厂开始增多,特别是在威特沃特斯兰德周围,那里有它们的主要客户。这些行业的雇员数量在 20 世纪 20 年代中期到战争结束这段时间增长了 4 倍。但不管怎样,精加工业特别是机床生产并没有得到明显发展,而这仍是南非经济最薄弱的一环。同时,纺织业和服装业以及较少有人注意的食品加工业和罐头业都有较大发展。制造业的总雇佣人数从 1925—1926 年的 12 万人左右上升到战争结束时的 38 万人左右,而净产值则从 30 年代早期的 3 100 万英镑上升到 15 年后的 1.4 亿英镑左右。

第二产业以及它衍生的服务业的发展,对南非城市社会结构乃至整个国家都产生了影响。20 世纪 30 年代,萧条的商品农业和繁荣的工业部门的融合引发了大量的白人迁往城镇。特别是年轻的南非白人女性,她们往往为了一点微薄的工资便前往服装行业工作,因为人们认为她们敏捷的双手正适合这份工作。但是她们在工作时需要与黑人接触,这引发了白人中产阶级的极大担忧,而年轻女性也因此成为社会主义工会和正迅猛发展的南非白人种族主义者之间剧烈交锋的目标。 116

尽管这些白人通常都有稳定的工作,但那些刚到城镇不久的非洲人往往没有工作。在 20 世纪 30 年代和 40 年代,第二产业的非洲劳工人员流动量相当巨大。雇主很明显觉得没有必要去培养工人超出工作需求的技能,而且工作的技术含量往往很低,他们偏向于雇佣毫无个性的工人并经常更换,从而营造出一种他们所认为的顺从氛围。非洲人在第一代城镇人口中占了绝大多数,例如在 1936 年,在约翰内斯堡注册工作的人 90% 来自威特沃特斯兰德的郊外。与矿工相比,这些在城镇工作的人,特别是女性,与他们的农村老家保持联系的可能性更小。 117
当他们的人数从 1921 年的 75 万上升到 1936 年的 140 万(1951 年达到 230 万),城镇黑人也逐渐变得愈加永久城市化了。

在 1930 年代,一些地方特别是伊丽莎白港,市政组织建设了许

图 4.7　矿工宿舍拥挤和肮脏的环境。

多房屋供这些移民居住。而在别的地方,许多人只能暂时待在男女分住的小旅馆中,但只要有机会,他们便会离开这里去黑人居住区生活。那里没法获得合法摊位占有权的人会去做转租人,对象往往是后院的小屋,那里的租金如果直接去找产权人会贵上不少。而替代选择是搬去在威特沃特斯兰德市区边缘的白人土地上违章建设的营地居住,到了战争结束时,那里可能容纳了 10 万人,而且还有更多的营地正在建造。

　　经济不景气和战争主导了这一时期白人和黑人的政界。1933 年,南非面临一个重要的经济抉择——是否要保留金本位制,还是像英国一样取消它,而这一问题需要一个超党派政府去解决。最终由国民党和南非党组建的联合政府成立,赫佐格继续担任首相,而史末资则是副首相。一年后这两个党派合并成为南非联合国民党。

　　在建设这一新的被称为联合党的过程中,史末资将他在德兰士瓦和奥兰治自由邦的支持者带入新政党中,但开普的没有成功。1934年18名开普议员退出并转而反对联合党,他们认为联合党代表的是英帝国主义,而史末资的调解没有成功。他们组建了新党——纯正国民党,由丹尼尔·马兰(D.F.Malan)领导,他是一名60岁的荷兰归正会牧师,早在20年前他成为开普敦民主主义报纸《公民报》(*De Burger*,之后写成 *Die Burger*)的首位编辑时,就已进入政坛。马兰是一个粗鲁而短视的人,他认为南非白人民族主义是上帝注定的。

即便之前有相当长时间是在国民党的管理之下,南非白人民族主义者也从未放弃自己的主张,他们在1930年代和1940年代的发展动力主要有四个来源。纯正国民党的最初基地是在开普,那里富裕的农民以及南非国家信托公司和南非国家畜牧公司的幕后管理者支持他们。他们利用民族主义这一借口吞没了许多南非白人的积蓄,并最终获得了国家对建立自己企业的支持。而为了达到这一目的,他们积极地与兄弟会建立联系,后者1934年后在政治和经济上日益活跃。

第二个来源主要涉及德兰士瓦事务。只有一个德兰士瓦议员,也就是之后的斯揣敦(J.G.Strijdom)首相,跟随马兰加入了反对阵营,其结果是没有人能够领导该党派支持者中的青年知识分子,这些人大多曾在欧洲德国或是荷兰留学。其中最有影响力的是尼古拉斯·迪德里赫斯(Nicolaas Diederichs)博士,他对国家民族观念要比加尔文主义者(例如马兰)的国家上帝和人之间之说更宽容。但是马兰并不反对迪德里赫斯强调南非白人与说英语的南非黑人是两个不同的民族和国家的观点。这点通过新建立的经济活动制度得到了部分实现,例如加强对共产主义工会和道德腐坏的管理以保障整个南非白人民族的基本生活。但这当然也引发了与旧的民族经济组织例如南非国家畜牧公司的冲突。有鉴于此,更多的人支持在文化上重建这个国家,例如在1938年大迁徙一百年之际重演了先民们坐牛车从开普敦向北迁移到比勒陀利亚郊外,即如今先驱者纪念碑所在地的历史,这一行为也满足了民族主义者的要求。

第三,南非白人民族主义的发展也离不开对英帝国主义及其行

118

径发自内心的仇恨，因此，当 1939 年九月议会的多数议员在史末资领导下，不顾赫佐格的反对决定参与第二次世界大战后，赫佐格随即辞职，并与许多人一起成立了统一国家党。出于对赫佐格身份的敬意，他成为这一政党的议会领导者，但是他并不为兄弟会所信任，这是因为赫佐格仍然坚持英国裔和荷兰裔南非人之间的平等地位，这使他们对他心存疑虑。因此一年后他的地位便被马兰取代，并最终于 1942 年去世。

第四点是在战争期间，住在城市中，特别是德兰士瓦地区的南非白人贫民中的民粹主义者建立了奥瑟瓦布兰德威格(OssewaBrandwag，意为"牛车哨兵"，简称 OB)组织。其最初的成立目的是作为一个文化组织维护大迁徙百年纪念的精神，成员有 30 万人。但在战争期间，它变成了一个追随法西斯和纳粹模式的军国主义组织，由 J.H.J.范伦斯堡(van Rensburg)领导，成员配有统一的制服。它的一部分成员包括之后的首相巴尔萨泽·约翰内斯·沃斯特(B.J.Vorster)，他被政府逮捕，罪名是妨碍战争期间的努力。同时，国民党带头禁止本党党员同时加入牛车哨兵组织，这部分是出于对加尔文主义的反对原则，部分是出于巩固他们作为民族领导者的需要。到了战争结束时，国民党已经重新确立了南非白人民族主义者主要代表的地位。

20 世纪 40 年代晚期，黑人政坛的斗争性再次高涨，这也带来了一系列紧张情况。1936 年的《土著信托和土地法》给予政府直接介入农业生产的权力，主要是灌输一些自认为正确的方法和减少侵蚀带来的耕地减少的情况。像之前的强制调低股票价格一样，这些行为通常并没有带来什么成效，反而惹人厌烦，事实上偶尔还会带来不利情况。这一政策在农村地区遭到了抵制，并在 1950 年代后，当它开始强制执行时，引发了规模更大的反抗。

相反在 1940 年代的城镇中便可以看到之后经济蓬勃的迹象。违章搭建的营地为那些有野心的人提供充足的机会，只要他们能向营地提供其所缺乏的保护和基础服务。而作为交换，他们能从住户身上大发其财。像住在约翰内斯堡郊外索法松克(Sofasonka)聚居区的詹姆斯·姆潘扎(James Mpanza)^①这样的人借此成为日后黑人乡镇首领的原型,他们的组织靠收取保护费为生,但同时也会提供一些可靠的保护,并带头诉冤。而在地位更加合法的居住区中,被称为高特拉(kgotlas)的法院制度和其他非洲社会组织都有一定程度的发展,并出现了以社区为基础、反抗种族隔离制度所带来的不公的政治组织。

　　至少在两起案例中,约翰内斯堡的亚历山大公共汽车抵制运动以及东兰德的布拉克潘市的反抗活动,它们的领导者是与国家政党有关的。一些最显赫的人物,像律师盖伊·拉德贝(Gaur Radebe)以及在塞库库兰教书的大卫·波帕帕(David Bopape)^②,他们在 20 世纪 40 年代初都是南非共产党(CPSA)和非国大的成员。南非共产党诞生于 20 世纪 20 年代团结一系列白人工人阶级的共产主义小组的尝试中,起初它的主要工作目标是非洲人和有色人种工会,在 20 和 30 年代的大部分时间中,它将精力浪费在了内部宗派斗争中。对莫斯科的忠诚成了它的基本信念,首要关注点也变成了铲除阶级内部的异端,共产国际也在审讯中插了一脚。一直到 1938 年一个新的中央委员会成立并将总部移到开普敦镇后,该党才开始重新焕发活力。

　　有点讽刺的是,一个原则上在工人阶级中工作的政党需要迁离威特沃特斯兰德才能获得力量,而那里恰恰有它的天然支持者。不过,随着内部斗争至少是短暂停止了,党员能够参与到更广泛的政治工作中,前往各类非洲人社区并建立工会。1930 年代大部分最成功的案例是妇女工作,包括在威特沃特斯兰德成衣厂工作的南非白人女裁缝和在西南开普的食品罐头加工产业工作的大部分有色人种工人。不管怎样,最成功的当数 1946 年 8 月金矿工人大罢工时,该党与工人建立联系并干预。

　　在顶峰时,罢工将 6 万到 7 万名工人置于非洲矿工工会的领导之下,他们要求获得更多薪水和更好的事物。当国家介入后,罢工被镇压

　　① 1889—1970 年,从 20 世纪 40 年代中期到 20 世纪 60 年代末,他领导了南非约翰内斯堡附近土地占领活动,导致了现代索韦托的建立,曾被称为"索韦托之父"。——译者注

　　② ? —2004 年,非国大青年联盟的创建者之一。——译者注

了,12人身亡,这一工会自己也随之垮台。不管怎样,之所以能够动员比例相当高的工人参与,是因为有效利用了工会领导传统以及矿工的反抗情绪。罢工的关键人物是 J.B.马克斯(J.B. Marks)①,他的父亲是一位来自芬特斯多普(Ventersdorp)的白人铁路工人,母亲则是非洲人。他加入共产党的时间很早,曾在1937年被短暂开除出党,但在逝世时已身居总书记之位。他十分欣赏他所声称的"旧部落组织"能很好地回应集体谈判和行动的基本信息。他十分有效地动员了各个不同矿井的代表,即便他可能并不了解选举这些代表的民主程度以及如何去保护矿工多年来争取得到的权利。这不是最后一次政治活动家无意中利用了其并没有真正理会的政治组织理念和传统。

在南非共产党复苏的同时,非国大也经历着相同的过程,尽管这两者的关系并不十分和谐。20世纪40年代,一部分年轻人逐渐对非国大领导人的温和、礼让的做法失去了信心,他们相信非洲联合理事会以及欧洲人中的自由主义者无法改善非洲人的政治权利,甚至都无力阻止情况的进一步恶化。许多这类人曾经或正在福特哈尔大学学习,他们从传教士开办的中学毕业,之后进入了这所唯一向非洲人学生开放的大学。然而他们最有才能的领导者,安彤·林贝德(Anton Lembede)②却是自学成才,他是一个祖鲁农民的儿子,也是一个虔诚的天主教徒。他曾在约翰内斯堡工作,并十分痛恨他所见到的、使人道德败坏的城市生活。他不信任共产党,而更偏向于认为非洲人无论是精神上还是政治上的自由,是不可能在非洲人从属于欧洲人的制度下实现的。

林贝德的民族主义在多大程度上为非国大所接受仍然存疑,而这意味着在多大程度上非国大仅仅作为国家代表或是民族主义只包括非

---

① 1903—1972年,1928年加入南非共产党,1930—1933年赴苏联莫斯科东方大学学习,回国后任南非共产党书记。翌年,因被诬告为警察的线人而革职,1937年被开除出党。1945年重新入党,并成为非洲矿业工会领导人。1951年当选为特兰士瓦非国大的主席,后由曼德拉接任。1962年成为南非共产党书记,直至去世。——译者注

② 1914—1947年,南非活动家和非国大青年联盟的创始主席,对曼德拉、西苏鲁、坦博等早期黑人民族主义领导人都产生过重要影响。——译者注

洲人。尽管到目前为止,这些观点的差异并不至关重要。1944 年,本是空想家的林贝德联合了其他有着更务实方式的势力,例如 A.P. 姆达(A.P. Mda)建立了非国大下属组织青年团,成员面向 20 到 40 岁的人。纳尔逊·曼德拉也是创建者之一,他在被福特哈尔大学开除后,来到约翰内斯堡担任律师。青年团将目标定为复兴早已垂死的平权、公正运动,并将自己发展成为反抗白人不公统治的大众政党,而当 1948年马兰领导下的国民党赢得白人选举并获得国家权力后,人们变得前所未有地迫切渴望实现这一目标。

第五章　种　族　隔　离

　　1948 年 5 月 26 日,南非白人进行了选举投票,其结果出乎所有人意料,马兰博士领导的国民党和继承了赫佐格的政治遗志、尼古拉斯·哈芬加(N.C.Havenga)①领导的南非白人党组成的政党联盟赢得了选举。他们一共在议会中赢得了 79 个议席,而反对党统一党获得了 65 席,劳动党 6 席。考虑到选举前统一党的席位高居 89 席,而国民党只有 48 席,这意味着一场巨大的政治转向。史末资在自己的斯坦德顿选区失败后选择退出政坛,并在两年后去世,享年 80 岁,而国民党在这之后继续执政了 46 年。

　　可以从两个方面解释这一结果:首先,选举结果十分接近,而选举制度本身就在一定程度上影响了选举。鉴于选区制度的规则,如果这 100 多万人中有 91 个人的投票有所改变,那么统一党便能多获得 4 个席位并改变议会局势,甚至如果再加上 3 个代表非洲人的白人议员,便能联合掌权。事实上国民党只获得了投票总数的 41.5%,这在某种程度上意味着它在所有的选区都有支持者,但这一点并没有给它增加几个百分点的选票。国民党的上台很大程度上要归功于 1910 年宪法,它规定农村议席的当选票数要少于城市地区,而国民党在很多地区只

---

　　①　1882—1957 年,南非政治家,曾在赫佐格和马兰政府中担任财政部长。——译者注

是以微弱多数取胜,而统一党却在它肯定能获胜的地区拿下了过多的选票。

其次,选举的结果反映了国民党宣传机器的成功,它远比统一党高效,同时也体现了两个主要投票群体在极为重要的民族政治议题上的转向。概括来说,就是南非白人民族主义的复苏以及对曾被认为是史末资继承者的简·亨德里克·霍夫梅尔(Jan Hendrik Hofmeyr)①的不信任,将相当比例的选民推向了国民党。具体来说则是德兰士瓦种植玉米的农民,他们在南非战争后便支持博塔和史末资的政党,尽管人数随着时间而逐渐减少,但当威特沃特斯兰德蓬勃发展的工业抢走了他们的黑人劳工时,他们都倒向了国民党。而在经过数年艰苦的思想和组织工作后,威特沃特斯兰德的白人工人阶级也再次投向了民族主义的怀抱。1947年,在选举进行前,民族主义者通过一场艰难的白人工人罢工控制了矿工工会。而德兰士瓦农村和大量城市特别是威特沃特斯兰德和比勒陀利亚的席位则一直左右摇摆不定,这也是国民党能掌权的因素之一。

国民党凭借种族隔离的口号拿下了选举,种族隔离的字面意思为分立发展,它成为之后南非政府的口号,并在世界范围引发了反对者对它的谴责。但不管怎样,马兰的政党在上台之初并没有一个可充分操作的(种族隔离)实施计划,相反,它在执政的第一年做了另外两件事。其第一要务是确保连任,为了这个目的,被认为会支持国民党的前德国西南非洲托管地的白人以及讲南非荷兰语的人都被给予了选举权,这给国民党带来了额外的6个议席。与之相对比的是,政府发起了一系列长期而杂乱的行动去降低开普省的有色人种的身份地位,因为他们对国民党的态度摇摆不定。依靠不公正的划分选区以及农村选民对其一直以来的偏执,即便国民党在之后的三届大选中仍未赢得大部分白人选民的支持,它在选举中的地位并没有受到挑战。

---

① 1894—1948年,近代南非著名的政治家和知识分子,早年就读于南非大学和牛津大学,1922年成为刚刚改名的威特沃特斯兰德大学首任校长。在第二次世界大战期间,出任史末资内阁的财政部长和教育部长。曾著《古代帝国主义研究》。——译者注

第二,尽管当时对种族隔离的内容还没有定论,但无论它意味着什
124 么,它确实引发了对特定人群的辨别和分隔,而至少从字面的正式意义
上来说,这种划分标准并不纯粹是种族主义。当然,种族隔离中已潜在
含有了强烈的种族歧视,但从严格意义上讲,国民党理论家总是强调种
族划分的重要性,并将南非的各个民族看作是神所创造的实体,这纯粹
是按他们自己的南非白人民族主义观念所设想的,而种族隔离能够保
住每个民族的纯洁性。政府从两方面着手开始进行对特定种群的鉴别
和隔离工作,首先是通过 1950 年的《人口登记法》确定,南非每个国民
的民族归属,还有 1949 年的《通婚法》与 1950 年的《背德法》,尽管后者
从标题上看仅仅牵扯到立法者所认为的逾越道德底线的性行为,它们
一起在理论上冻结种族之间的人口流动。这些措施对许多个人造成了
很大影响,不少家庭因此破裂,被划到不同种族的亲属被迫断绝关系,
因而也引发了无数起要求重新划分种族的法律申诉,这些遭遇最终都
屈从于国民党施加在这片土地上的新秩序。而出于这一系列政策的延
续和对冷战早期国际趋势的反应,政府也通过 1950 年的《镇压共产主
义法》禁止南非共产党活动,并不分青红皂白地监管其他组织的活动以
实现政策目标。

更多对种族隔离口号的社会和经济的解释相互之间的分歧很大,
这主要跟南非的城市化有关,事实上,种族隔离的整体发展以及它的寿
终正寝都可以被看作是源于控制生活在南非城市里的非洲人的数量和
行为的尝试。居留区中所发生的一切以及班图斯坦自治区的成立都是
政府城市政策和措施的重要产物。

1948 年选举中,国民党的纲领性文件对种族隔离有两种相互矛盾
的看法,一方面,有一些空想家希望彻底将白人和非洲人区分开来,而
这意味着停滞甚至是逆转南非在经济上成为统一国家的进程。被关在
125 集中区生活的黑人矿工可能被允许继续工作,但对于其他非洲人,人们
相信从长远来看白人政权在黑人绝对数量优势面前是无法一直持续下
去的。消除不同种族之间相互依赖的生活状况将会是一场漫长而艰难
的过程,但它最终会促进机械化,而大量雇佣白人劳工意味着白人只需

地图 4 班图斯坦自治区。

与更少的非洲工人打交道。另一方面,德兰士瓦的农民转投国民党是为了确保黑人劳工,而他们是不会忘了向政府索要这份回报的。而那些企业主,特别是刚刚在南非白人资本家帮助下发迹的,之所以冒险支持国民党也不是为了建立白人的未来乌托邦,他们希望从政府那里得到的是遵守纪律且工资低廉的黑人劳动力。

统治南非一直到 1990 年代的种族隔离制度,它的最终完整成型从政治哲学角度来看,主要归因于亨德里克·维沃尔德(Hendrik Verwoerd),并随着进一步发展,在系统化程度上超过了一般意义上的隔离制度,它在实际操作中没有理论上那么死板,但这并不意味着它能更加灵活和人道。种族隔离原则上是基于南非白人民族主义,并被强加到南非其他民族身上,而这导致了后来被称为"大种族隔离"事件的

126

发生,在这一过程中,南非人民被分成了如今的各个民族组成。它
在 1960 年代决定了班图斯坦的建立以及南非各个种群公民权的差异,
而且必须居住在规定地区这一悲惨的结果。此外,与之相对应的还有
"小种族隔离",它包含了不同种族在使用国家公共设施上严格的区别
待遇,例如邮局有不同的出入口和服务台,列车则有不同的车厢,黑人
和白人有不同的公交服务等,而其中的大多数仅仅起到了刺激黑人和
展现白人特权的作用。

127

图 5.1　亨德里克·维沃尔德。

　　亨德里克·维沃尔德博士 1902 年出生于荷兰,并在两年后来到了
南非。在津巴布韦和奥兰治自由邦地区的中学学习后,他进入了斯坦
陵布什大学(Stellenbosch University),在那里他在哲学和心理学上崭

露头角,并在 26 岁时成为教授。1936 年,他告别了他的学术生涯并成为《德兰士瓦报》的编辑,借此重新振兴了德兰士瓦国民党,并将牛车哨兵组织视为实现自己抱负道路上的死敌,因为他认为它分裂了南非白人民族主义的力量。1948 年,他在议会选举中失败,但却入选参议院,并在 1950 年成为土著事务部长。1958 年成为首相并控制了内阁,1960 年 4 月 9 日,他遭到了一个白人农民的暗杀,他的头部被子弹击穿,但却并没有造成严重伤害。他将这次暗杀未遂视为奇迹,也是上帝的预示,并坚定了他继续"神圣事业"的信心。然而三年后,他就再遭暗杀,横尸议会大楼。总的来说,他是一个刚愎自用的智者,他蔑视对手和那些他自认为愚蠢的人,并经常将这两者混为一谈。

在这一系列措施的背后是四个基本原则。第一,是公民权被严格限制,以便白人尤其是南非白人能够垄断国家权力。第二点,无论是农村还是城市地区都按种族划分区域。第三点,黑人劳工的雇佣,特别是矿井和农场,以及家务劳动和工厂都被置于国家控制之下。最后一点,国家权力应专注于维持国家秩序,并管控人们生活的各个方面,特别是黑人。当然,很明显这些原则只有在所有南非人都被划分了种族,且没有任何新生儿在出生前不被预设好种族后,才能付诸实施,它体现了之前所描述的人口登记和"不道德"立法背后的政治逻辑。

维沃尔德在担任他的第一个政府职位——土著事务部长时,试图解决由城市劳工优先选择政策中因种族隔离要求而引发的内在问题,他的方法是只有在所有白人劳工找到工作后,非洲人才能去城镇找工作。为了执行这一命令,成立了大量管理劳工的官僚机构,它们负责将非洲人分配到各个城镇的企业中工作。除此之外,南非各地的各种非洲人活动都被严格限制和管控,1952 年被讽刺性地冠以《废除通行证和合并文件》的法案要求所有非洲人都必须携带一本记载其职业历史和居留权的"参考书"——另一种意义上的通行证。还有同年通过的《土著法修正案》,它给予那些已经长期居在城市中的非洲人以永久城

128

129

市居住权,但要想获得这个权利,根据臭名昭著的第 10 条权利,要求男性必须出生在城镇中,或是在一个岗位上持续工作 10 年,如果中间工作变更则需要 15 年。随之造就的是一种被称为"内部人"的人为类型,但这种人是不能移居到其他城市的。妇女则可以通过嫁给拥有这种权利的男性享受相同待遇,而直到 50 年代末,女性都没有被强制要求携带"参考书"。与制定这一法律目的相反的是,它在实际操作中反而帮助非洲人缓慢而稳步地获得了越来越多的城市长期居住权,这成为种族隔离水坝上的一个小漏洞。

130

图 5.2　哈林摇摆乐队(Harlem Swingsters)。

　　和南非人生活中许多其他方面相比,南非最优秀的音乐更明显地是在美国城市音乐的影响下,以非洲的形式发展起来的。其主要分为两种流派:一种被称为"以希卡沙米亚"(Isicathamiya),由男性合唱,在南非乃至世界最著名的代表是雷村黑斧合唱团(Ladysmith Black Mambazo)[1],其歌唱内容是用祖鲁风格展现南非的城市生活,当然它也受到了祖鲁人婚礼曲和曾在 19 世纪末游历南非的美国吟游团队的影响。

　　另一个主要风格是爵士乐,主要发源于威特沃特斯兰德,也同样深受美国音乐的影响。其早期发展一方面与精英轻舞团体的发展有关,另一方面也受在贫民区地下酒馆用钢琴演奏的马拉比(marabi)风格影响,它通常还伴随着性感的美女舞蹈。在 1940 和 1950 年代,主要在索菲亚镇。这两者结合创造了一种成熟的爵士乐,被称为巴甘加(mbaqanga)。在此背景下,出现了许多著名的表演家,尤其是中音萨克森乐表演者基比·莫耶克西(Kippy Moeketsi,照片中和哈林摇摆乐队一起在 1950 年代演奏单簧管者)、歌手米丽娅姆·马凯巴(Miriam Makeba)[2]、小号手修·马瑟克拉(Hugh Masekela)[3]以及钢琴家多拉尔·布兰德(Dollar Brand,即阿卜杜拉·易卜拉欣),后三位在 1960 年代早期曾被流放。1950 年代曾有一段短暂时期,这种爵士乐通过《鼓》杂志与黑人作家建立了联系,包括亨利·恩库马洛(Henry Nkhumalo)、托德·马希基萨(Todd Matshikiza)[4]、刘易

----

　　① 南非最著名的黑人合唱团体,1960 年成立。在 1986 年,他们与著名歌唱家保罗·西蒙一起演唱后,在国际上享有盛名,并多次获奖,其中包括五项格莱美奖,并把第五次格莱美奖献给了后来成为总统的纳尔逊·曼德拉。乐队由 10 个非洲黑人组成,表演的是最原始的非洲音乐。他们的外形虽然粗犷,歌唱却以纯朴旋律与清澈和声著称,是全球唱片销量最大的非洲音乐组合。——译者注

　　② 1932—2008 年,南非歌手,外号"非洲妈妈",曾荣获格莱美奖,并投入反对南非种族隔离运动。——译者注

　　③ 1939—2018 年,南非小号手、流行歌手和作曲家,被称为"南非爵士之父"。以其爵士乐作品和谱写的反种族隔离歌曲而闻名,如"Soweto Blues"。——译者注

　　④ 1921—1968 年,南非爵士钢琴家、作曲家兼记者,曾在《鼓》杂志上开设专栏"托德在伦敦"。1968 年在赞比亚去世。——译者注

斯·恩科西（Lewis Nkosi）[①]和埃斯基亚·姆法勒勒（Eskia Mphahlele)[②]，促进了文学和音乐创作的井喷。

这些政策与 1950 年代的两个主要因素有关，首先是城市空间方面，当时许多城镇里都有非洲人竭力获取并持有的飞地，这些地区往往位于郊外，远离政府管理。其中最有代表性的是索菲亚镇，它位于约翰内斯堡的市中心西北方 7 公里处，政府将其列为主要目标的部分原因是因为它成了约翰内斯堡黑人生活中心。政府 1956 年的袭击清扫了这片区域并将该地居民驱逐到了被称为索韦托(意为西南城镇)的新城镇，政府给这一行动冠以清除贫民窟的名头。然而索菲亚镇很难被称为贫民窟，其他许多类似地区的环境要更糟糕，这一行动的主要目的更多是出于对抗政治对手之需。在该地被夷平之后，政府在其之上重建了一座名为胜利(Triomf)的白人小镇，但这一胜利只是暂时的。

第二个因素则是黑人教育，其发展充满了矛盾。在 1948 年之前，黑人教育几乎被传教士所垄断，但由政府支付教师工资。一些最高等级的学府，例如福特哈尔大学，只有极少的幸运儿才能够进入。而当时接受高等教育的总人数也十分稀少，例如 1949 年，在福特哈尔大学，总共 343 名学生中有不超过 284 名非洲学生，而散布在南非其他大学的人数则不到此数目的一半。黑人教育往往缺乏资金，因而大部分的黑人学校十分破败，且只能满足小部分的教育需求。1949 年，年龄在 7 岁到 16 岁之间的孩童上学读书的比例大约为 30%。

131　　维沃尔德发起的旨在促进班图教育的计划造成了双重影响，一方面它使政府得以牢牢控制非洲教育，教育系统开始有意识地散布种族隔离的信息。至少在居留地以外的地方，一种思潮渗入了教育政策中，

---

① 1936—2010 年，南非著名的多产作家，白人种族隔离统治时期被迫在美国、英国等国流亡 30 年，在文学批评、诗歌、戏剧、小说、散文以及新闻等方面都有杰作。代表作有《交配鸟》(1986)、《地下人》(2002)等。——译者注
② 1919—2008 年，南非作家、教育家、艺术家和活动家，被誉为非洲人文主义之父，也是现代非洲文学的创始人之一。——译者注

它认为对非洲人的教育只需满足教授对维持白人经济有益的技能即可，重心应放在前四年教授的基本技能上。另一方面，获得教育的人数大幅增加，尽管他们并不完全赞同教授的内容。而在南非的一些地区，特别是东开普宗教程度较高的部分地区，识字水平曾经非常高，几乎达到了80%，但在引入班图教育后，却显著下滑，尽管在别的地区更多数量的非洲人获得了一定程度的识字和识数能力。出人意料的是，有大量非洲人开始接受中学教育，而在专门的黑人大学建成后，接受大学教育的人数同样大幅提升。到了1980年代中期，即种族隔离政策实行40年后，大学黑人学生的数量是40年代末的60倍（如果加上在南非大学接受函授教育，数量则达到90倍）。纵观全国，1976年非洲学生占总人口比例大约升至50%，而到了1990年代早期可能达到85%。这种功能性识字能力意味着什么是很难完全说清的，1995年80%的黑人以及40%的白人不具备相当于七年基础教育的基本功能性识字和识数能力，这意味着黑人和白人总数中有半数虽然完成了学业，但并没有掌握或忘记了本应具备的技能。

城市劳工优先选择政策通常并不受雇主——尤其是那些依赖廉价、非熟练技能劳工的人的欢迎。拥有第10条权利的非洲人通常要比那些没有的看上去受到更多政治保护，而对市场的约束使他们能够获得更高的薪水。事实上，即便是一些看上去最易受政府影响的机构，例如首都比勒陀利亚的市政当局，仍然需要依靠移民去完成他们难以实现的任务。

当然这些来自雇主的反对完全比不上因一系列种族隔离措施而在非洲人中引发的反抗，1940年代在青年团基础之上复兴的非国大如今有了充足可供发挥的议题。它的很多工作受到了南非共产党中许多白人和黑人以个人身份的帮助，南非共产党虽然在《镇压共产主义法》出台后被迫解散，但在1953年重组并吸收了原来党派中的活跃分子，成为一个地下组织。尽管非国大只向非洲人开放，但它的其他种族支持者，其中相当一部分是共产党员，可以加入南非印度人大会、有色人种大会或是南非民主大会，这些大会合在一起组成了议会联盟。

从国家角度来看，非国大所发起的主要运动是反抗国民党颁布的他们所认为的不公正法律。这场运动发起于 1952 年冬季,而随着抗议大会的召开达到了高潮,其召开时间 1952 年 4 月恰好是范·里贝克(Van Riebeeck)登陆三百周年。这场运动的宗教色彩十分浓重,甘地的自我牺牲以达到政治胜利对其产生了明显的影响。被选中的男人和女人通过故意破坏法律的方式来达到自我政治牺牲,并通常有宗教团体陪伴,制服上则标有"曼雅诺斯"的字样。

图 5.3 艾伯特·卢图利。

艾伯特·卢图利(Albert Luthuli)于 1898 年出生在津巴布韦,是一个传教士的儿子,并在一年后其父亲死去之时回到了他在祖鲁的家乡。他主要是由他叔叔带大的,他是格洛维尔(Groutville)附近的酋长,卢图利在那里上学,表现十分优异,并进入了亚当斯大学,在那里接受师范教育,之后成为那所大学新进教师的主管。但在 1936 年,他被推选继承他叔叔的首长之位,在担任这一职位的同时,他大力支持国际巡回传教,且在非国大的地位也越来越显著。他强烈的基督教信仰影响了他的政治活动,在被政府剥夺了首长之位后,1952 年他被选为非国大全国主席,尽管从 1962 年起对他的个人禁令限制他参与政治活动,他仍然担任该职直至去世。1961 年他获得诺贝尔和平奖,1967 年他在一个缺少信号灯的交叉口被一辆列车撞击身亡。

尽管按计划由纳尔逊·曼德拉在德兰士瓦组织发起的反抗运动范围仅限于南非,但事实上它的影响传播到了国家的各个角落。超过 71% 的逮捕事件发生在东开普,而其中又有超过 31% 发生在伊丽莎白港和邻近的埃滕哈赫(Uitenhage)。之所以如此自然有着许多原因,首先这一地区因为 19 世纪长期的抵抗战争而一直有着好战的传统;其二该地区的非洲人在之前开普殖民政府时期还享有一定的权利,但现在却荡然无存,经济状况也是极度贫穷,即便是按南非标准。此外,伊丽莎白港的非洲劳工并没有从南非 1940 年代的城市工业的发展中获益,这助长了由雷蒙德·莫翰拉巴(Raymond Mhlaba)①等共产党员领导的工会运动。因此,这些结构上的考虑再加上偶发的领导事件,一起加强了这场运动的效果。

这种运动模式不仅贯穿了整个 1950 年代,1980 年代也曾重现。冲突在各地的传播并不平衡,某些政策对特定地区的打击要更严重,例

① 1920—2005 年,南非反种族隔离统治活动家。1943 年加入南非共产党,翌年加入非国大。1962 年,曼德拉被捕后,成为"民族之矛"指挥官。1963 年被捕,在著名的里沃尼亚审判中,与曼德拉、姆贝基、西苏鲁等领导人一起被判处终身监禁,被关进罗本岛监狱。1989 年获释后,当选为非国大全国执委会委员。1994 年当选为东开普省首任省长。——译者注

如索菲亚镇的毁灭提高了非国大的支持度,并催使更多的约翰内斯堡非洲人偏向于使用武力。交通花费的提高引发了亚历山大的大规模公交抵制抗议活动,同时在威特沃特斯兰德南边的瓦尔河谷地区的新兴工业区中,伊瓦顿(Evaton)也出现了类似活动。对班图教育的抵制主要集中在东兰德的城镇中,那里有着悠久的传教士教育传统。相反,要求妇女携带护照的法令遭到了全国范围的抵制,这主要是因为它在原则上在各方面对整个国家的半数非洲人都造成了影响。

非国大持续增长的军事活动在国家部分地区造成了强烈反响。《镇压共产主义法》允许政府禁止不限于共产党的反对党派任何形式的政治活动。1955 年,总数 27 人的非国大执行委员会中有 11 人受此影响,大会联盟的众多其他成员也同样如此。此外,1956 年,联盟中有 156 名知名成员遭逮捕并被指控叛国,之后的 5 年,在庭审法院解散之前,政府一直在尝试证明这些人在密谋用暴力推翻国家。

政府为所谓的阴谋列举的证据来源于 1955 年 4 月在约翰内斯堡附近的柯利普城举办的 3 000 人大会的会议记录。举办这场大会的建议来自 Z.K.马修斯(Matthews)[①],他是一个举止温和的茨瓦纳人,同时也是非洲保守精英的代表。此外,他在福特海尔大学担任教授多年并受人尊敬,尽管这次大会仅仅举办两天便被挥舞着轻机关枪的警察强制解散了,但在这之前,大会发表了《自由宪章》,并将其视为非国大之后行动的基础。该宪章主要是由莱昂内尔·伯恩斯坦(Lionel Bernstein)草拟的,其语言之流畅很少在同类政治宣言中看到,它融合了对基本原则的掷地有声的声明——特别是那句著名的口号"人民终将执政",以及一些具体建议,其主要源自社会主义者伯恩斯坦和其他联盟成员用来表达他们政治理念的习语。

这种华丽的辞藻与许多从事民族主义政治工作的非洲人的经历并

---

① 1901—1968 年,南非著名的黑人学者,曾在南非土著学院、美国耶鲁大学和英国伦敦大学学习,1943 年当选为非国大全国执委会委员。1966 年接受博茨瓦纳的邀请,出任驻美大使,1968 年在华盛顿病逝。著有《南非班图法和西方文明——文化冲突个案研究》等。——译者注

不相符,还有一个源自安彤·林贝德和 A.P.姆达知识架构的强烈倾向,即强调心理解放的需要。这导致人们并不相信白人卷入了这场"斗争"(对发动起义对抗种族隔离政府的行为的称呼)。无论是来自自由传教士和他们的信徒或是民主大会的大部分共产党成员,传播民族主义的人被称为泛非主义者(与完全致力于自由宪章的宪章主义者相对)。多数泛非主义者来自德兰士瓦或自由邦,或至少住在威特沃特斯兰德,那里的种族关系要比开普甚至是纳塔尔更加恶劣。1948 年后,他们中的大多数才在政治上日渐成熟,因此与本质上压制自由的顾问毫无接触,而这比国民党胜利更为重要。他们多数是老师,职业发展受限于种族歧视法令,因而在冲突连续多年临近爆发点后,他们在 1958年退出了非国大并另组阿扎尼亚泛非主义者大会,选举罗伯特·索布克维(Robert Sobukwe)为主席。索布克维是约翰内斯堡威特沃特斯兰德大学的一名讲授非洲语言的讲师,他因为谴责 1949 年福特哈尔大学毕业演讲中所表现的白人自由主义派的家长作风而名声大震。

通常来说,在 20 世纪 50 年代非国大的领导者并不关注在南非的非洲人居留地开展政治行动的潜能,这一点从各方面来说都很奇怪,该地区已经有相当一部分人有了这方面的意识。不管怎样,为了在南非城市构建政治组织消耗了他们大量的精力,而他们的白人共产主义同盟并没有在南非农村工作的直接经验,他们只能秉持下层阶级易于开展革命的信念缓慢开展工作。当然在国际上,卡斯特罗和切·格瓦拉还在古巴的山区战斗,而中国革命的经验教训,南非共产党仍然有待去吸收学习。

由于缺少统筹主体,保留地相对被忽视。从 20 世纪 30 年代起,对保留地农业经济的善意忽视开始被政府的积极介入计划所取代,这在第二次世界大战后被日益强化。人们相信过度放牧导致土地脆弱的表层土正在流向大海。这可能有些夸张,尽管其造成的土地伤疤(通常被称作沟壑)十分明显,保留区的农业生产方式仍然一如既往,当然从全国总人口的平均值来算,它的产量在下降。农业部门一如既往地坚信他们有最好的解决方案,他们要求淘汰牛和驴,集中农村人口并重新分

136

配他们的土地。这种介入日常生活细节的粗笨方式在无意中引发了农民极大的怨恨。

重建南非政治地图的尝试也在此时发生,它对非洲人保留地产生了深远的影响,种族隔离的理想主义空想家意识到要想在城市实现完全隔离,就必须为远离白人居住的城市中心的非洲人建立可行的经济和政治制度。此外,他们希望能够通过培养非洲人回归到原有的部落制度来消除南非黑人民族主义。为此,他们否认甚至尝试倒退各大城市里来自国家各地乃至国境之外的非洲人的相互融合过程,而这一过程至少在之前50年里是南非历史的核心内容。这些种族隔离的理想主义空想家也没有意识到前殖民政治单位的极大流动性,相反,他们试图将民族主义强加给并不情愿的非洲人,并指望这些非洲人会模仿南非白人的民族主义的创造和被接受过程。

一方面,这在某些方面及一定程度上承认了非洲人可以参与国家政治进程,并象征着将"土著"一词重新命名为"班图"。另一方面,这一计划并没有考虑到大多数的南非黑人的切实愿望,在实行过程中也充满着个人独断。被视为非洲人合法领导者的酋长们从政府那里领取薪水,因而面临着失去合法性的危险。他们必须要贯彻政府的法令,否则便有可能被解职并失去薪水。但是居留地的重建进程让那些进入政府机关、得到政府资源帮助的人能够以手下非洲人为代价致富发财。

这些变化在1950年代晚期不出意料地引发了一系列农村暴乱,最引人注目的可能是在蓬多兰和特兰斯凯的邻近地区。那里的人们认为政府活动的增加是非法的,它可能代表着国家以比过去更直接的方式运用其隐秘权力。例如人头税,它被称作"因庞杜鲁"(impundulu,巫师曾经用来打败敌人的吸血鬼和闪电鸟)。此外,人们认为政府的行为是充满恶意的,被畜牧者视为邪恶的偷盗牲畜案件急剧增加,而政府却对此熟视无睹。相反,当被称作"马胡鲁斯潘"(makhulu span)的民团组织开始惩罚那些被指控偷盗牲畜的人,通常是以焚烧宅地的方式,警察以及其他政府机关对此的反应却是逮捕为社会大众支持的焚烧者,而非偷牛贼。其结果是加剧了非洲人和政府之间的冲突,特别是在蓬多兰的东部地区,那里的酋长博塔·斯格考(Botha Sigcau)①不受人欢迎,他的权力被认为是非法的。1960年,这一地区爆发了大规模叛乱,斯格考顾问的许多房屋被烧,有一些人甚至被杀。政府的反应是宣布进入国家紧急状态,并用机关枪镇压叛乱,驱散卢西基西附近举行的大会。

非国大和政府都声称被对手称为"煽动者"的非国大骨干应该为煽动叛乱负责,但相关证据却很少,相反,非国大的领导者,特别是由教师转行记者的特兰斯凯人戈文·姆贝基(Govan Mbeki)则尽力将非国大包装成一个仅停留在外表的不真实的形象。在别的例子中,大会中身在城市但依然和农村故乡保持联系的个人成员比领导者更清楚地体现了非国大的形象。例如在德兰士瓦、博茨瓦纳边境上的济勒斯特(Zeerust)附近以及塞库库兰的两个动荡不安的地区。在济勒斯特附近,抵抗的主因是地方专员将争议政策扩及妇女的决定。西德兰士瓦和迁到威特沃特斯兰德的移民的联系特别紧密,即便非国大没有精心策划反抗行动,它的主义和精神也肯定发挥了重要作用。不管怎样,站在政府这边的人都因此受益匪浅,卢卡斯·曼戈佩(Lucas Mangope)开始崛起,因为他在起义期间与政府合作,而被任命为博普塔茨瓦纳"黑人家园"的总统。

在塞库库兰,对农业改良方案,尤其是淘汰牛耕的反对,以及对班图统治架构的反对活动,都是由塞巴塔戈马(Sebatakgomo)精心策划的,这个组织由住在约翰内斯堡的佩迪移民组成,他们大多是非国大的成员。事实上,这一运动的领导者之一——弗拉格·博西亚罗(Flag Boshielo)因为是共产党员而被封杀。起义行动主要集中在袭击在班图政府中任职的非洲人身上,并暗杀了其中的一部分人。很难说是非国大的领导层积极策划了这次起义,但是曼德拉的法律事务所的确与约翰内斯堡的奥利弗·坦博(Oliver Tambo),以及曾作为大会秘书长

① 1939—1978年,特兰斯凯东蓬多兰地区的酋长,1976年特兰斯凯班图斯坦成立后担任最高领导人。——译者注

但受政府压力被迫在 1954 年辞职的沃尔特·西苏鲁(Walter Sisulu)建立了紧密的联系。这次起义的结果是被政府用强大的武力镇压了,12 名男性和两名女性因为参与暗杀而被判死刑,尽管最后都改判缓刑。

在 1960 年,不同的非洲人民族主义团体和政府之间的冲突达到了最高点。非国大和泛非主义者大会都宣布发起对抗通行证法的重要战役,他们希望能借此改革政府的管理方式。在这一过程中,他们忙于相互竞争而错估了白人政权的权势和冷酷无情的态度。

泛非主义者大会的成员主要住在约翰内斯堡的周边小镇,尤其是被索韦托吞并的奥兰多地区。不过那里的泛非主义者大会势力使得非国大因为这样或那样的原因无法建立自己的组织。开普敦周边非洲人的地盘主要是兰加和尼扬加(Nyanga),以及约翰内斯堡南边的瓦尔小镇与弗里尼欣和范德拜尔帕克(Vanderbijlpark)的新兴工业小镇,这些地区再加上之后的沙佩维尔(Sharpeville)如卫星般环绕着白人城镇。

泛非主义者大会在 1960 年 3 月召集大量群众,发起了向警局进军并焚烧通行证的行动。3 月 21 日周一,整个瓦尔地区爆发了大规模示威游行,其中有 2 万人集中在伊瓦顿的警察局前,另有 4 000 人在范德拜尔帕克的警局,这些示威活动在警棍和低飞的喷气飞机威胁下被迫解散。但无论如何,这一镇压策略并没有对集中在沙佩维尔警局前的 5 000 多人起效,面对混战已经超出了他们的控制,缺乏经验的警察惊慌失措之下,向那些最多只有石头作为武器的人群开枪射击,当场枪杀 69 人,其中包括 8 名妇女和 10 名儿童,打伤 180 人。

尽管沙佩维尔的枪击事件在一定程度上遏制了瓦尔城镇地区的示威活动,但这一消息却激化了在开普敦周边的行动。3 月 30 日周三,一场从兰加和尼扬加向国家重要枢纽之一的开普敦市中心进军的示威活动将这场运动推向了高潮,当时议会正在那里召开会议。这一活动由菲利普·贡萨那①(Philip Kgosana)领导,他以总是穿着短裤而闻名。

---

① 1936—2017 年,南非泛非主义者大会西开普领导人,早年曾就读于开普敦大学,后以领导 1960 年 3 月 30 日的大游行而出名。2017 年 4 月 19 日因癌症去世。——译者注

图 5.4　1960 年 3 月 21 日大屠杀后，在沙佩维尔警局前的一些尸体和伤者。

当时 23 岁的贡萨那来自西德兰士瓦，他曾经收到过来自开普敦大学的奖学金，但因为贫穷以及住在兰加一家移民工人旅馆所造成的学习困难，他被迫退学，转而成为泛非主义者大会的一名专职组织者。

示威迫使政府临时中止《通行证法》的执行，但仅仅十天后便又重新强行执行。当大量人群抵达开普敦市中心的卡列登广场警察局，警方的特尔布兰切(Terblanche)①准将找到了贡萨那，特尔布兰切注意到此时部署在开普敦镇的国家军事力量并不足，为了避免演变成骚乱，那可能会在南非全国引发震荡，只能暂时顺应时势。而从贡萨那的角度来看，则是为了避免示威游行最终以大屠杀告终，这种观念是受前总督之子帕特里克·邓肯(Patrick Duncann)的影响，邓肯曾加入自由党，且崇尚甘地。因此贡萨那接受了特尔布兰切的建议，暂时解散了群众，并在晚间重新集结与司法部长直接对话。

此时，政府已经摆脱了手足无措的状态，当天晚上，当贡萨那返回时，他被政府逮捕，而司法部长也没有出现。在兰加和尼扬加周围拦起了一条军事封锁线，国家宣布进入紧急状态。4 月 6 日，非国大和泛非主义者大会的所有活动都被禁止，这代表着持续将近 30 年之久的镇压时期的开始。

而非国大和泛非主义者大会对此的反应是转入地下并转向军事抵抗。他们分别建立了两个军事派别——"国家之矛"(Umkhonto we Sizwe，缩写是 MK)和"波克"②(Poqo，纯净)。他们发动了一系列破坏行动，波克则尝试暗杀了一些特兰斯凯和西斯凯与政府合作的酋长。但很快，政府的渗透活动大大削弱了它们的力量，索布克维和其他一些泛非主义者大会成员被捕，剩余的人则被驱逐，而非国大组织的曼德拉和坦博则前往国外谋求国际支持。尽管此时坦博处于 30 年流放期，仍

---

①　1941—2010 年，南非极右翼政治组织——阿非利卡人抵抗运动领袖，信奉种族隔离的白人至上论，2010 年 4 月 3 日，在其农场被雇员杀死。——译者注

②　泛非主义者大会的武装组织，以暴力反抗白人种族主义政权而出名。Poqo 在科萨语中意为"纯净的"或"孤独的"，该组织的大部分成员来自西开普省和特兰斯凯。1968 年改称阿扎尼亚人民解放军，1994 年新南非诞生后被并入南非国防军。——译者注

被推选为非国大主席,并凭借其威望和强有力的政治手腕将全党整合在一起。曼德拉回国不久即被逮捕,而其他大部分领导人在 1963 年 7 月被关在约翰内斯堡郊外的里沃尼亚(Rivonia)农场中。他们中的两个白人通过设法收买看守而逃脱,但其他人,包括西苏鲁和姆贝基等人,则和曼德拉一起被以叛国罪判处,并被监禁在罗本岛(Robben Island)上。政府信心满满地认为他们的余生会在采石场挖石头度过。

从 1950 年代直到 1970 年代,南非经济持续高速增长,1948 年到 1975 年期间,南非国内生产总值每年平均增长 4.75％,同时人口年增长率也达到了 3％。

这些数据第一眼看上去似乎体现了整体经济异常优异的表现,即便增长的大部分仅使少数白人收益。从这个意义上讲,种族隔离能够并已经被证明符合支配南非经济的资本主义企业利益。这些企业中最有代表性的是英美公司(Anglo American),它们的起家是靠矿业,其市值超过了约翰内斯堡期货市场股份价值的半数。到了 1987 年,当大量国外企业因为国际制裁和暗淡的投资前景而退出南非市场之时,英美公司打包收购了它们的南非分部,使自己的市值比例达到了 60％。这使得它的董事长哈里·奥本海默(Harry Oppenheimer)①成为首相圈子外最有权势的男人。

这些企业从短期来看都从种族隔离的劳动力体制中获利。20 世纪将近四分之三的时间,全球经济都处于长期增长中,生产原料的国家,例如南非,大多处于有利地位。为了能在这种情况下获利,各企业都需要大量廉价且任劳任怨的劳动力。尽管种族隔离并不强制黑人劳动,但是它对反抗者的制裁方式以及禁止黑人工会十分符合雇主的利益,矿业和其他急需非熟练劳工的行业都因此发展迅速并带动了整个国家经济。

但这些优势从长远来看则是灾难性的,它使得南非难以应付 1973 年后的全球经济衰退。在那之前,南非并没有相关的经济计划将低技

① 1908—2000 年,出生于金伯利地区,曾任德比尔斯公司和英美公司董事长。——译者注

143 术和低收入的劳工生产效率转变成能与正在迅速推进工业化的东南亚经济竞争的程度。借助伟大的远见和不同的政治目标,在长期繁荣阶段积累的部分财富至少在一定程度上能够加快这种转变过程。班图教育特别强调维持非洲人发展水平,因此造成非洲人知识和技能水平很低下。直到1970年代早期之后,非洲人的教育才开始进一步发展,尽管此时的重点依然是量大于质。1970年后低迷的经济难以为所有的应届毕业生提供工作岗位。

如此一来,作为经济现代化指标之一,南非的制造业出口额落后于它的竞争对手,其工业制成品在全球贸易所占比例在1955年到1985年之间从0.78％降到0.27％。在与它同一起跑点的发展中国家群体中,南非的出口比例排名从第八名降到了十五名朝下的位置。同样,机床部门在1950到1960年代之间几乎没有任何发展。到了1980年,南非劳动力的生产能力一直停滞不前。

劳动力不代表全部,南非工业化的动力来源是领导群体的危机感,而非培植含有潜在效益的新兴产业的需要。设计用来保护南非企业的高关税堡垒成为他们自鸣得意的借口,并使他们越发缺乏竞争力。

很少有(如果有的话)共产主义阵营之外的国家政府对经济作大量的干预。例如通过萨索尔(SASOL)①所进行的大型项目就是一个明显例子,其内容包括出产油、煤等,萨索尔的最终生产力满足了半数的国内需求,并填补了国家在电力、钢铁和铁路等相关领域的所有控制权。国家财政政策奉行的是保守主义,这部分是因为不牢靠的种族隔离在政府中所造成的影响,而这也意味着国家将不再进一步培养创新企业。而对非洲人非正式行业的阻滞和控制阻碍了这一领域的发展可能,否则其发展可能已赶上其他经济领域。总而言之,种族隔离政策使南非在20世纪最后25年中,在面对世界经济挑战时十分脆弱。

马兰博士退休后,斯揣敦继承了他的位子,但他不久后便去世而被

---

① 1950年成立于南非萨索尔堡。后发展为能源和化工为一体的有限公司。公司股票在南非证券交易所和纽约证券交易所上市。总部现位于南非约翰内斯堡。——译者注

视为一个临时领导者。之后到了 1958 年，亨德里克·维沃尔德成为国民党的领导者和首相。他之前就在党内很有影响力，如今更是几乎完全控制了国民党，而对他统治的盲从也达到了登峰造极的程度。而更普遍的是对非洲人反抗的镇压，例如沙佩维尔和里沃尼亚的审判，加固了种族隔离政策，并从这之后展现出了它高压的一面。

在维沃尔德和他继任者的统治下，政府极力将其触手扩散到南非人民生活的各个角落。例如它几乎完全控制了宣传媒体，这一行动有三个主要目标，分别为消除反对政府的声音、阻止海外自由主义和社会主义观念的传播以及保护道德纯洁。为了达到这些目标，书籍、报纸杂志、音乐还有电影都遭到 1963 年设立的出版物控制董事会频繁的审查和封禁。这一机构因为过于谨慎而经常犯错，例如臭名昭著的封禁《黑骏马》，它是一本关于马的经典儿童小说。政府控制了广播部门，并禁止设立电视行业，因为政府无疑准确地预见到引进的电视节目将会破坏南非的社会组织。

南非对本国的封锁并不是天衣无缝。现代流行乐可以从国外的广播电台传入南非，特别是从莫桑比克。更重要的是白人中的自由主义者是不可能被消灭干净的，南非声称自身代表并支撑起了西方基督教文明的价值体系，议会传统被维持了下来，选举也按照规定时间间隔举行，尽管国民党能确保自己总是获胜，但它不可能垄断所有代表席位。约翰内斯堡北郊的霍顿选区是国家最富裕的地区，从统一党脱离出来的进步党主席海伦·苏斯曼（Helen Suzman）获得了这一席位。多年来，苏斯曼组建了一个有实际行动的妇女反对派，而统一党的代表却从未尽力去做这些。在国际问题上，她是一个左翼分子，但事实上她受英美公司的董事长奥本海默资助。她所造成的影响绝不应该被忽视，例如罗本岛囚犯的生活条件在她造访后获得了一定程度的改善。她的事业同样使一些职业特别是牧师和律师能够拥有一定程度的行动和言论自由，而学者和记者也能在一定范围内曝光社会的不公。

尽管苏斯曼的努力十分重要，但在种族隔离的全盛期，它最多是一个微不足道的社会缓和剂。从 1960 年开始，随着黑人反抗的相继失败以及白人反对声音的削弱,维沃尔德和国民党得以按他们自己的设想规划南非社会。他们所奉行的原则是否认非白人属于一个共同的南非国籍,相反,他们属于下列族群之一:科萨、祖鲁、斯威士、聪加(Tsonga)、恩德贝勒、文达、北索托、南索托、茨瓦纳、印度和有色人种。除了最后两个之外的种群被认为有他们自己的历史家园,在那里他们可以发展自己的独有传统,科萨人因为种种原因而有两个——西斯凯和特兰斯凯。这些黑人家园通常由许多独立的碎片土地组成,而1950年代提出的合并计划也因为受到来自担心失去自己土地的农民的压力以及白人利益至高无上的原则等而被废止。夸祖鲁领土由11个独立碎片组成,而博普塔茨瓦纳则是7块。

尽管缺乏领土完整,按照种族隔离制定者的设想,黑人家园都应该成为独立的国家。行政机构在付出很大代价后建立了起来,选举制度也被移植了过来,但被设计成即便反对比勒陀利亚政府的派别赢得了选举,它仍会受制于政府任命的议会,而成为顺从的领导者。最终成立了四个班图斯坦自治区,分别是凯瑟·马坦齐马(Kaiser Matanzima)[①]统治的特兰斯凯、伦诺克斯·塞贝(Lennox Sebe)[②]统治的西斯凯、卢卡斯·曼戈佩[③]统治的博普塔茨瓦纳以及更北方的文达。在某种意义上,这种独立是滑稽可笑的,甚至在西斯凯的独立仪式上,发生了旗杆在新国旗升起时中途断裂这种可笑之事。除了南非之外,没有任何国家承认这些黑人家园的独立地位,它们都十分依赖南非以维持预算和保障内部稳定,而比勒陀利亚在维持内部安全上自然很有经验。它们偶尔也会制造一些小烦恼,例如博普塔茨瓦纳政府设立太阳城,一个距比勒陀利亚不足100公里的旅游胜地。富人都很喜欢去那里享乐——特别是赌博和跨种族性爱,而这些是被国民党的清教徒所禁止的。通

① 1915—2003年,1976年起成为名义上独立的特兰斯凯班图斯坦最高领导人。——译者注

② 1926—1994年,1972年西斯凯班图斯坦成立后任最高领导人,1973年创建西斯凯全国独立党。——译者注

③ 1923—2018年,统治的博普塔茨瓦纳位于今南非自由州和西北省之间,他还是联合基督教民主党的创始人和领导人。——译者注

常来说,班图斯坦的行政机构大多腐败而品行不端,其存在的主要目的是为在位者敛财,次要目的才是维持秩序。

将所有非洲人视为各自独立的黑人家园公民而非南非人造成了两个重要后果,首先非洲人可以作为外国人而被驱逐出境,非洲人随时面临着被强制从家族祖居之处迁走、搬入白人指定的"黑人家园"的危险,他们之前从未来到过这片"家园",因此几乎难以为生,或者最多在开始时有一顶帐篷,但居住环境毫无卫生可言。即便是对于那些享有全部权利或是住在城镇中的人而言,也有可能被强制迁移,它变成了一种惩罚方式。而对于那些通行证文件有误的人来说,现在他可能会被强制送回农村,它和罚金、监禁一起构成了通行证法律的惩罚方法。

除了这些个人放逐和对种族隔离所造成的邪恶影响加以遮蔽之外,大约有 350 万人被强制迁移,占全国总人口的 10%,他们只是不幸地居住在了错误的地方。1950 年的《种族区域法》将国家划分成白人居住地和黑人居住区,这意味着非洲人、有色人种和印度人(以及极少的白人)原有的居住地将会在政府官员的小比例尺地图和死板的观念之下被划分给其他的种族,通常来说是白人。多数受影响的区域是在城郊,它们的居住者都在大城市中工作,现在他们都被强制搬入到邻近的班图斯坦自治区中,而从那里去上班通常要坐两到三小时的公交车,还要支付更高的房租和水费。而那些居住地是由长辈在《土著土地法》通过之前购买的以及住在传教站的人也同样遭到了强制迁移。在南部海滨的齐齐卡马(Tsitsikamma),那里的居住者是姆峰古人,他们曾在 1835 年的战斗中站在白人一边。这些生活不便的黑人居住中心又被粗俗地冠以"黑点"这一冷酷无情的称谓,同时也揭示了这一政策的迟钝。除此之外,随着 1973 年后南非经济的日益不景气以及农业机械化的日益普及,成百上千的非洲人被迫放弃了农场佃户的生活,他们只有前往班图斯坦一条路。其结果是在自由邦布隆方丹东边的翁弗瓦赫特(Onverwacht)形成了众多的贫民窟,该地又被称作布沙比鲁(Botshabelo),其人口数量从 1979 年的几乎无人居住,在七年后暴涨

147

到超过 50 万,并成为南索托夸夸班图斯坦的一部分。

《种族地区法》同样适用于有色人种和印度人,尽管南非甚至是国民党政府都没有专门给他们设立"家园",但他们也被认为具有了独立国家的雏形。他们拥有自己的议会机关,但选民们都不承认它的合法性,还有大学也与设立在班图斯坦的同类一样,起初牢牢地由南非白人的保守主义学者所掌控。有色人种和印度人也被强制要求搬出种族混合居住的区域,特别是开普敦的郊外,他们中有相当多的人居住在那里。而这造成了许多个人痛苦,尤其是一些家庭集体迁到荒无人烟的开普平原区沙漠,例如米歇尔平原(Mitchell's Plain),建立新城镇。而他们腾出的土地则通常被与国民党最高领导层关系紧密的投机者廉价收购,并在整修后以高价卖出。

只有一处地方杜绝了这种倒买倒卖的现象,那就是老旧混乱、由工人阶级居住且距离开普敦市中心很近的第六区。尽管现在浪漫地回想起来,它不过是这座城市有色人种文化的核心,就像索菲亚镇对于约翰内斯堡的黑人中产阶级的意义那样。例如它包含了一所高质量的有色人种中学,其中有许多教员都是托洛茨基分子。1960 年代,这片区域被政府宣布是贫民区,应该改为白人居住区,原住民被赶走,除了教堂和清真寺之外的原有建筑都被拆毁。它具有成为南非房产价值最高区域之一的潜能,但一旦政府没能说服开发商或企业开发这片被黑人"污染"过的土地,那它仍然只是一片荒地而已。

将非洲人视为各自独立的黑人家园公民而非南非人的第二个后果,是加强了被政府划分的各个种族人群的民族意识。尽管有一个例外没有接受这种观念,但在不少地方特别是德兰士瓦和自由邦的部分地区,在抢夺班图斯坦有限资源的争斗中,血统被当成了一种武器。

这个例外发生在祖鲁人当中,它包括了两方面,首先是在整个 20世纪上半叶,各类祖鲁人群都在进行着艰苦的努力以复兴祖鲁的国家独立理念,甚至将它传播给那些祖先都不是恰卡及其继承者臣民的人,这一进程的核心是重振祖鲁王室家族的财富和影响。在豪尔瓦人知识分子和北纳塔尔糖业巨头的资助下，1913年开始统治祖鲁的所罗门·卡迪尼祖鲁(Solomon kaDinizulu)①得以声称从南非政府机关那里获得了对其统治至少和其他南非黑人统治者相同的尊重和权力。豪尔瓦人的知识分子当时希望通过这一联盟来稳固他们自己的政治地位，而糖业大亨则将祖鲁"传统主义"视为受人欢迎的政治理念，以抗衡如非洲工商联合会中的激进主张。而所罗门·卡迪尼祖鲁王的权力宣称意味着潜在的追随者准备好认同并支持王室家族，特别是在北纳塔尔的农村地区，君主制及其代表将确保外来劳工一家之长的地位，并因此保住他们的成年男子气概。而作为回报，这些男性会接受祖鲁传统主义的宗旨、思想体系以及将重塑每个年龄段的生活方式，并将其作为生命所必需的理念。

祖鲁人对政府想法(即培养其所划分的种族人群的民族意识)回应的第二个方面是他们通过精妙的政治策略利用这一想法与政府从1960年代末开始施行的班图斯坦政策相互作用。这一方法的核心人物是曼戈苏图·布特莱齐(Mangosotho Gatsha Buthelezi)酋长，他是一个祖鲁的高等贵族，拥有成为王国世袭首相的资格——尽管这一职位是否存在过尚存争议。他曾在1940年代末进入福特哈尔大学学习，之后加入非国大的青年团，但是比起青年团，他的政治以及更重要的经济和社会理念更偏向于非国大的保守精英派。他仍然与几乎所有老一辈的非国大领导者保持联系，至少在早期，他在夸祖鲁的活动受到了那些身处流放中的非国大领导人的个人支持。这种在创造它的制度内部反对种族隔离的想法在其他形式的反抗都被镇压的当时很有吸引力，布特莱齐从未逾越一定的底线，例如，他从未接受夸祖鲁的独立地位。

但当布特莱齐在夸祖鲁班图斯坦掌权后，他便能够利用职位之便确立自身地位，并通过强调过往历史来加强祖鲁的独立国家观念。他将班图斯坦政府变成一个依附于因卡塔的政治机器，因卡塔起初是一

149

---

① 1891—1933年，1913年任祖鲁国王，直至去世。——译者注

场文化复兴运动,之后成为由布特莱齐领导的政党,布特莱齐将是否加入因卡塔作为祖鲁身份认同的内在条件之一,也是任何形式的经济成就——包括领取退休金,甚至个人生存的必要条件。

从 1950 年代末开始,特别是在沙佩维尔事件之后,南非政界相比非洲大陆乃至全球其他国家而言,开始越发不按常理出牌。起初,这与国民党的领导层并没有太大关系,它在 1958 年普选中终于获得了多数白人选票。事实上对南非的谴责仅仅加快了南非转变成共和国的速度,1961 年的全民公决实现了这一目标。而在南非白人和南非民族主义的浪潮之下,南非在同年退出了英联邦并打破了和英帝国的正式关系。

1966 年,亨德里克·维沃尔德被一个没有明确政治动机的信差刺杀,倒在议会的地板上。这一事件震惊了国民党,而据说开普敦的有色150 人种出租车司机用环绕全城鸣喇叭的方式欢庆此事。巴尔萨泽·约翰内斯·沃斯特(Balthazar Johannes Vorster)继承了维沃尔德的职位,他的名字总是令人惊讶地发作英国化的约翰(John)。他的年龄在内阁中相对较小,而他早年加入牛车哨兵组织并因为战时同情纳粹而入狱多年的经历也从未被年长的内阁成员所宽恕。但他在担任警察部长时赢得了顽强坚韧的美誉,可能正是这一点帮他赢得了党内选举。他的统治十分依赖新成立的秘密警察部门,特别是他第二次世界大战时的狱友亨德里克·范登伯格(Hendrik van den Bergh)管辖的国家安全局(首字母缩写为 BOSS)。

在国内方面,沃斯特政府继续并加剧了前任遗留下来的经济萧条状况。而它面临的最大挑战则来自共和国边界之外,1966 年博茨瓦纳和莱索托这两个保护地独立,两年后斯威士兰也宣布独立。对于莱索托和斯威士兰来说,它们并不对南非政府构成什么问题,因为它们没有能力或还没准备好对共和国造成威胁。博茨瓦纳的状况则有所不同,它的首任总统塞雷茨·卡马(Seretse Khama)先生在 1952 年时因为娶了一个白人妻子而被罢黜了巴曼瓦多部落首领之职,这主要是因为英国关注着南非对种族隔离的反应。开明政府以及矿业资源给予了博茨瓦纳真正的独立。

南非和那些更北方国家的关系就更加模糊了,大多数非洲殖民地在独立后都摒弃了原先作为南非内地贸易区的地位,尽管1960年代南非因为其政策越发激进而遭到全世界封锁,但在非洲人眼里,它依然是一个富有、强大的国家。与南非相邻的还有另外三个被国际社会封锁的国家:罗得西亚,该国极少数的白人拒绝由占多数的非洲人统治,并在伊恩·史密斯(Ian Smith)的统治下于1965年单方面宣布独立。此外,还有两个葡萄牙殖民地安哥拉和莫桑比克,这两个国家的殖民统治者仍然坚信这些海外殖民地能够凸显自身的高贵。但在两国外加西非几内亚比绍的游击战面前,三国的葡萄牙殖民政府最终全部垮台,1975年起义者接管了安哥拉和莫桑比克。

无论判断是否准确,南非统治者都将这些独立事件看作是对自身生存的潜在威胁,人们尽可能长时间地支持史末资政府是有理由的,因为第一起游击袭击案例正是受到了流放中的非国大成员的帮助。南非统治者企图通过煽动反政府军在前葡萄牙殖民地建立缓冲区,例如在莫桑比克支持莫桑比克民族抵抗组织(RENAMO)对抗莫桑比克解放阵线(FRELIMO)政府,在争取安哥拉彻底独立全国同盟(UNITA)对抗安哥拉人民解放军(MPLA)。其结果对这两个国家造成了巨大的破坏,至今还没有完全恢复。从1975年起,不只是罗得西亚地区,南非军队也开始武装干涉安哥拉局势,但它过高估计了自身实力而遭到了一场大败。

对非国大和泛非主义者大会的镇压暂时终结了有组织的政治抵抗活动,但很自然的是它也并未让大多数的黑人接受种族隔离制度,现在的难点是需要一个公开讨论的场所将个人的不满汇集起来、集体向国家发起挑战。

这种聚集场所在南非社会中有两处。第一处来源于数量不断增长的南非黑人大学生,他们团结在史蒂夫·比科(Steve Biko)富有魅力的形象之下。比科来自东开普,曾在纳塔尔学习药学,他和像他一样难以忍受白人支配一切甚至主导了南非学生组织(NUSAS)的人一起组建了一个联盟,南非学生总工会在当时是最激进的合法组织。比科的第一个重要活动平台是表面无害的大学基督教运动,从那里开始,他组建了南非学生组织(SASO)并很快就在黑人学校里站稳了脚跟。随后在 12 年的时间里将这一组织扩散到了所有的大学,同时创建了黑人大会,这一组织的结构呈伞状,与政党类似。在黑人大会中,有色人种和印度人像黑人一样,都被当作种族压迫的受害者。

因为秉承比科精神而为人所知的黑人觉醒运动有两个主要问题。首先为了顺应这股至少部分源于基督教运动的政治潮流,人们加大了个人在追寻自由解放中的责任,几乎就像基督教救赎论一样。而白人组织对此的拒绝并不意味着整个国家所有白人的拒绝,事实上在对抗种族隔离的斗争中也有白人的身影;相反,它来自对黑人(包括有色人种和印度人)对必须积极的争取而不是被动等待这一观点的承认。第二点是对泛非主义者大会失败经验的总结,特别是 1960 年左右因冒进而造成的悲惨结局,其结论是千万不要轻率地与政府展开直接对抗。

因为根基在南非的各个大学中,所以黑人觉醒运动的创建者们与城市工人阶级并没有直接关联,此时工人阶级工资低廉,大多缺乏技能且因为 1970 年经济萧条而面临随时丢掉工作的危险。在经过十年非洲人实际工资的缓慢增长后,急剧的通货膨胀开始严重影响非洲工人的生活水平,他们在 1970 年代早期组织了第二个抵抗地点。1973 年在德班爆发了一系列罢工,在该年的前三个月,超过 6 万名工人参与了罢工。随着南非的非洲人开始从葡萄牙帝国的瓦解和反叛者的胜利中获得启发,这些罢工标志着自 1960 年代以来,象征着种族隔离政策胜利的政治平稳状态的终结。

在工人罢工的同时,学校也出现了骚乱。维沃尔德的目标是限制城镇黑人的中学教育,并设想班图斯坦教育体系能够完成既定任务。但是非洲人学生的适龄人数增长迅猛,班图斯坦学校都严重超员,城市的年轻人都不想或者说是负担不起离开城市回归农村。城镇的学校容纳了越来越多的学生,但是它们的经费却远低于实际所需,而雇主则要忍受劳工技能不熟练之苦。非洲教育成为种族隔离核心矛盾的一个缩影,并且随着福斯特决定任命秘密兄弟会的主席同时也是维沃尔德最忠诚的追随者安德里斯·特雷尼赫特(Andries Treurnicht)①担任班图教育部副部长,形势变得更糟了。特雷尼赫特规定教授给非洲人的学科内容,特别是数学要降低教育质量,因为教数学的老师太少了,更不用说南非公用荷兰语,并借此展示国家权力。这一命令本想讨好国民党右翼,却反而激起了学生的反抗。

1976 年冬,索韦托大量学校的学生开始在南非学运的领导下举行示威游行,而黑人觉醒组织则负责做中学的工作。6 月 19 日,大约有 1.5 万名青年与警察发生冲突,警察起初打算用催泪瓦斯驱散他们,但之后转而开火并枪杀了两个人。当时年仅 12 岁的赫克托·彼得森(Hector Petersen)拍下了一张记录该场景的照片,这张表现索韦托之殇的照片震惊了世界,并成为种族隔离暴行的标志之一。在索韦托当地,青年人继续发动暴乱,杀死了两名在大街上无辜被抓的白人,并焚烧了许多地下酒吧,因为年轻人将酒精视作破坏家庭并使成年人上瘾的可耻之物。在这段时间里,暴乱传播到了威特沃特斯兰德、开普敦镇和东开普,其中开普敦镇的有色人种在黑人觉醒的影响下与黑人联合起来对抗种族隔离。

在接下来的几周里,各地的起义遭到了严厉的镇压,上百名黑人遭到逮捕,其中很多人被杀害。比科自己在之后一年多的时间中仍然是自由之身,但是当最终被逮捕后他遭到了毒打,并被吊挂在卡车后面从东开普运往约翰内斯堡,他死在这段旅途中。其他人要么被判以监禁,通常是在罗本岛上服刑,或是逃离了南非,但不管结果怎样,他们都开始与非国大进行联系。非国大虽然并没有策划这次起义,却从中受益匪浅,不仅为国家之矛(MK)招募了新的成员,同时也获得了一些政治积极分子,他们将在刑期结束继续他们的政治工作,而这些都象征着非

② 1921—1993 年,南非白人政治家、教育部长,德兰士瓦国民党的短暂领导人。1982年,他创立并领导了南非保守党,在 1987 年成为反对党领袖,直至去世。——译者注

153

国大组织的复兴。

　　政府对这场起义的第一反应就是镇压,但在接下去的几年中,它开始谨慎地偏离维沃尔德的种族隔离信条。从这两个意义上说,索韦托起义是种族隔离制度终结的开始。

第六章　种族隔离的代价

整个 20 世纪,南非人口一直在持续增加。从建国到 1996 年之间, 南非总人口增长了六倍,从大约不到 600 万增至将近 3 800 万。在 1948 年之前白人在总人口中的比例一直十分稳定地维持在 23％左右,但在这之后急剧下滑,到了 1988 年只有 14％左右(1996 年的人口普查不再以这种分类进行)。有色人种和印度人的比例仍然相对稳定,除了 1950 年代,那时有色人种的份额增加超过了 1％,这可能是《人口登记法》颁布后种族鉴定更加严格的结果,而非重要的人口变化。

从这些数据中人们可以看出黑人人口在不断或快或慢地增长,1910 年到 1948 年之间,其增长速度平均为每年 1.92％,而在国民党执政的前 31 年中速度达到了每年 3.14％。但从 1980 年代甚至更早开始,这一增长速度开始下滑,到了 90 年代降至 2％。

从更高层面看这一人口增长的原因会更加清楚,19 世纪 90 年代的牛瘟家畜流行病之后便再也没有大规模的饥荒或是其他国家规模的潜在危机。唯一一次主要的人口下滑是因为 1919 年的流感大暴发。而随着抚养孩子的成本逐渐超过了他们成人后的劳动利润,曾经稳定的高生育率开始下滑。但人口统计学家并没有充分意识到这一点,因 此 1970 年后的人口总数始终被高估,高出的数值最终达到了总人口的 10％,也就是 400 万人。

通常,干旱或其他因素而导致的农作物歉收会使人生活困苦,但是从国家其他地区或偶尔从海外运来的粮食意味着饥饿或营养不良导致的死亡将得到有效延缓。这种周期性的重大生存危机——或者说是饥荒就此终结,而农作物收获前每年一次的粮食不足程度也得到了限制,它曾是前殖民时期控制国家人口的主要因素,但它们未必就改善了大部分黑人的日常平均生活和健康水平。相反,贫困的特征发生了改变,它不再遍及全国并充满灾难性,而是有选择性和长期性。不管是通过劳动市场还是依靠政治特权而手握一定资本的个人,其发展至少暂时来说十分顺利,而对于其他的人而言,人口的增长意味着劳动者仅仅依靠技能已不能百分百保证他们的生活,种族隔离政策也仅仅是加强了这种分化。

贫困在农村赋闲劳动力的身上更为明显,这一现象据说包含了莱索托。而至少在农村的部分地区曾有着合理繁荣的经济,例如特兰斯凯的莱索托和蓬多兰在 19 世纪向南非的中心城市输送谷物。此外,正如第四章所指出的那样,寄回农村的矿工工资被投资到农业生产上,从而使蓬多兰的牛群数量在 20 世纪 20 年代到达了顶峰。但是,从长远来看农业生产基础正在不断被侵蚀。首先牛羊开始在野菠菜生长的地区随意啃食,而野菠菜恰恰为妇女和儿童提供了重要的维生素。此外,随着放牧导致的土地恶化以及羊群消耗了越来越多的牛奶,刚刚断奶的婴儿往往难以获得充足的牛奶,特别是在干旱的冬季。婴儿死亡率很高,而那些活下来的也往往发育不良,如此一来,居留地的农业经济慢慢地开始崩溃。农村的农业区域如今反而更加依赖食物的进口,尽管食物价格往往会被欧洲商人抬高,而这些食物的来源是高地平原上有补贴的欧洲人所有的玉米农场。从 1950 年代中期开始,特兰斯凯的农业家庭的食物生产量只能满足他们消费的一半,到了 1970 年代甚至降到了不到六分之一。

保留地农业经济的逐步崩溃将许多曾经葱郁的地区,例如西斯凯、祖鲁、塞库库兰、莱索托的部分地区变成了没有植被的半荒漠地区。1980 年,居留地的农村人口密度从博普塔茨瓦纳(其中包括了大片殖民统治前便已是半荒漠的土地)的每平方公里29人到特兰斯凯的55人,莱博瓦的65人,西斯凯的82人,克瓦恩德贝尔令人惊愕的193人以及多山飞地夸夸地区的298人不等。与之相比,开普省的非居留区人口平均密度是每平方公里2人,而德兰士瓦则是11人。因而从任何角度来看,这些"黑人家园"例如夸恩德贝勒和夸夸都已不再是农业地区。

图6.1 S.E.K.姆哈伊(Mqhayi),摄于1926年。

S.E.K.姆哈伊是那个时代第一个创作科萨赞美诗的人,因而闻名南非。在过去,每个年轻科萨人都会为自身和自己的牛尽力去创作并歌唱"伊齐邦戈"(izibongo,祖鲁人的一种赞美诗),这些诗歌都有高度的隐喻,并含有大量的典故。其中最有才华的人会被选中为首领创作赞美诗,从而获得极高的地位。尽管按规范方式将这种诗歌翻译为"赞美诗",但这可能并不准确,因为这种类型的诗歌也允许明目张胆地批判被赞颂的对象。这种诗不仅保留在乡村中,在城市政治环境中也偶有出现。例如非国大的大会在首领艾伯特·卢图利任期时对他的歌颂,此外工会集会时赞美诗的歌颂之音也与日俱增。纳尔逊·曼德拉在他的总统就职仪式上也收到了"因邦吉"(imbongi)的赞美——当然其内容是歌颂而非批判。

至少在莱索托这种诗歌形式为社会评论提供了一个平台,而不再局限于个人用途。人们歌唱这些诗歌或是"利夫拉"(lifela),为共和国的野蛮行为给他们带来的威胁而悲伤,此外内容也包括他们前去工作的矿井。跨过卡列登河便进入了"食人者的土地",或者"野蛮的布须曼人"的领域,这两者都是远离充满秩序、文明的城市社会以及山地王国的明显标志。在利夫拉中,劳工们描绘了他们对农村生活的渴望,而火车却将他们运到了矿井,那里有着城镇女人的爱情陷阱。

一些女性开始从事创作这种之前几乎由男性垄断的诗歌。她们在莱索托的地下酒吧歌唱(毫无疑问也包括威特沃特斯兰德地区),作为娱乐的一部分。这些诗歌的内容并不是男人所希望的那种顺从的女性特质,反而是想在这社会中生存并发达所必需的上进心、个人主义和企业家精神。

还有不少女性在持续创作其他种类的口头艺术,例如民间故事"恩特索米"(Ntsomi),它包含了大部分的南非民间传说。

凡是由不受信任的首领管理的居留地公共牧区,其土地都迅速恶化了。夏季早期当迅猛的雨水冲刷走了大量表层土,南非几乎所有地方都面临着牧草覆盖被不断侵蚀稀疏的危险,那时任意一条小径都会迅速变成一条小溪的河床,并在几年后成为一道幽深的峡谷。土地侵蚀并不是不可逆的,在 1930 年代,开普敦北面斯瓦特兰(Swartland)的麦田为国家的其他地区提供了一个范例:该地的土壤得到了有效的恢复。但是这种恢复要求行动的协调一致,因而要获得这片土地所有管理者的同意。而这点在南非居留地的环境下可能根本无法达成,因为种族隔离政策下的南非政府将它所认为的城市中多余的黑人赶到居留地中,而这进一步加重了居留地人口过度集中的情况。而在政府的威权下将这种"改良"理论强加给这些仍然被委婉地称为农村的地区,这注定了这种土地恢复方式是不可能成功的。

159

图 6.2 这张照片摄于 20 世纪 80 年代的夸祖鲁,展现了众多保留地生态退化特征,注意大峡谷在照片中间横贯而过。

改良理论的原则是将人口集中在城镇中,因为那里的学校和健康中心能够更有效率地提供服务,并能支撑起过多的人口,而土地被按照农业人口分成独立的经济单元。但结果是这一计划并没有形成经济规模,事实上新城镇没有提供任何就业岗位,它们很快就成为贫民窟。但这些情况还是要好过东自由邦的博特沙贝洛(Botshabelo)或是比勒陀利亚北边的温特维尔德(Winterveld)和夸恩德贝勒,那里唯一的岗位是由到地区首府三小时旅程的巴士提供的。

保留地这种毫无希望的生活驱使越来越多的人特别是女性开始非法移居到南非的城市中。当然他们在那里要受准入条例的管控,并随时有被法庭宣判强制遣返农村,回到保留地的风险。在 1975 年顶峰时,开普敦旁的黑人小镇——兰加的一个地方法院一天就宣判了超过 100 起遣返案例,而且这个城市还有其他法院,更不用说全国了。但不管怎样,移居是不可阻挡的,那些有居住权的人将亲属一起带来生活,而这毫无疑问给亲属之间的关系带来了压力。也有人在有居住权的家庭后院中建造小屋居住,并为此支付租金。剩下的人则再次建起了非正式的聚落,或按照种族隔离的术语来说“寮屋营地”。

这些聚落最知名的是克鲁斯柔斯(crossroads),它位于开普敦东边多沙的开普平原区。借助南非司法系统的怪习,克鲁斯柔斯在 1976 年早期被政府承认为一个临时营地,因此摆脱了其他地区在紧随的索韦托起义中被夷平的命运。此后它发展得很快,到了 1980 年代中期,它和周边地区的总人口超过了 10 万人。克鲁斯柔斯就建在开普敦机场航班的线路之下,因此它对南非的自由派乃至全世界的记者来说十分显眼。它起初是对政府规范非洲人城市化决心的考验,尤其是在西开普已长期宣布有色人种可以在本地的劳动力市场中更容易地找到工作(相对于非洲人而非白人而言)的情况下。在克鲁斯柔斯人们可以找到在困难处境以及政治结构不断变化的情况下生存的新方法,

克鲁斯柔斯的政治核心是约翰逊·恩格索邦格瓦纳(Johnson Ngxobongwana),他的地位在 1980 年代不断上升,并成为南非城镇军阀的原型。他最初的政治和经济资本是在担任克鲁斯柔斯的监督委员会主席时获得的,之后又在政府的非官方资助下逐渐扩张自身权势,聚拢了一批恶棍做打手。因为这些人在打斗中都头戴白色织物以作区分,因此被称作威特多克(witdoeke),恩格索邦格瓦纳依靠他们消除敌对团伙的领导人,迫使妇女团体(她们在克鲁斯柔斯建立早期很有政治影响力)靠边站,并与 1984 年之后随着国家政治斗争不断演进而出现

的激进的年轻人团体相抗衡。最后到了 1986 年，威特多克冲入了克鲁斯柔斯周边的营地，恩格索邦格瓦纳还未曾在那里建立权威，他们焚烧了这些地区的住宅并驱逐了大约 7 万人，而南非政府也参与了这一行动。

图 6.3　20 世纪 80 年代克鲁斯柔斯寮屋营地的锡棚屋。

　　恩格索邦格瓦纳的崛起只是一个臭名昭著的案例，这种现象在 1980 年代广泛出现。整个南非都出现了类似的强人，他们能将统治力延伸到边界之外的地区。当然这并不意味着他们全都受到了种族隔离政策的资助，或是在 1980 年代和 1990 年代的冲突中站在他们的一边。但是他们都利用了政权基本组织——尤其是警察力量的缺失，警察被过多地用作准军事力量去镇压人民的反抗，而忽视了维持法律秩序的基本责任。只有大约 6% 的警察确实处理过犯罪案件，而这些案件也多是侵犯了白人利益。此外，还有许多高价保护服务，从而让雇佣劳动者能带着工资活着到家，但这种服务很容易由保护转变成武力控制居民，进而形成严密控制的政治采邑。

　　当时的南非社会暴力事件频发,在 1980 年代中期,开普敦、约翰内斯堡和彼得马里茨堡至少有超过四分之一的黑人死亡原因是非自然的,其中超过一半是他杀。其余的则是因为在道路上(主要原因)、工作中和在家里发生的各种意外事故。这种暴力要远远高于 1980 年代中期的政治暴力,后者导致的死亡在人为死亡中只占了很小的比例。它可以归因于至少三个主要原因,首先,殖民征服所造成的暴力活动在之后为了维持种族秩序,依然广泛出现在社会的各个层面。政府在国内国外都发动了战争,以武力强行打碎旧有群体,它将它所认为的对手全都打死打伤,有时是通过随机的恐怖活动,有时则通过警局拘留室的关押,有时则用司法裁决。而为了辅助镇压,政府也常常招募一些黑人(当然也包括白人)"走狗"。

　　第二点,作为"垃圾倾倒场"的保留地和城镇社会生活的堕落滋生了暴力。看不见生活曙光的人们开始掠夺他们的伙伴,从 20 世纪 40 年代开始,成功的匪徒被塑造成了富有浪漫色彩的形象,许多人被约翰内斯堡索菲亚镇的特索特斯(tsotsis,居住区的黑帮暴徒)的口号"活得精彩、死得年轻、死得光彩"所吸引,而相比于一成不变的城镇生活,犯罪式的生活方式也更加吸引人。在 1940 年代的开普敦,第六区就被这类黑帮组织所统治,那里的街道警察(那时还不是准军事组织)也不敢去。开普平原上的城镇中,黑帮的影响力也是只增不减,而在整个国家,充满绝望的生活助长了酒精和毒品的肆虐,特别是大麻(dagga)和安眠酮,后者是一种原产自印度但在南非生产的药剂,它和大麻混合使用有更好的效果。这两者促进了经济消费并消除了可能存在的顾虑。随之而来的是郊区白人开始武装自己以抵抗黑人帮派的袭击,这迅速引发了火枪的使用以保证袭击成功。

　　第三点,南非社会的暴力明显部分源自年轻人,男性的同辈人、家长和社会都会对他们产生影响。年轻人应该好胜、勇敢且富有进取心,这一点为非洲社会以及相当一部分的白人社会广泛接受。而这些都是白人灌输给他们的,例如在南非国防军服役,以及非洲人在前殖民时期时作为军事力量的一员。军人生活已经成为其生命必然经过的一环,从年轻人成长到一定年龄一直到结婚为止,而之后有需要时则会再次征召他们入伍。维持这种性格和观念的社会化进程只是到了 20 世纪才开始缓慢地发生了改变,而教育水平的提高和中产阶级人数的增多则加速了它的改变。

过去年轻男性群体的潜在危险在于他们处在成年男性的掌控之下,例如成年男性拥有牛群,而年轻人需要它们以支付彩礼并结婚。但是到了 20 世纪,家庭的权威结构瓦解了,在乡村,男性通常去城市工作,因此难以身体力行地践行他们的传统家庭责任。有些地方甚至有 90％ 的女性在生第一胎时还未结婚,即便是男性在场,他们也难以掌握所有资源,他们一家之主的地位基础不再,并很快受到了挑战。而在城镇,他们社会地位的下滑也很明显,取而代之的是绝望和酗酒。非洲人原有的社会组织再也没法控制年轻人,而这些组织制度只是偶然被其他事物所取代,例如学校,但教育很少被视为社会改良的途径。其结果是在社会压力和诱惑的双重影响下,犯罪式的生活方式为越来越多的人所接受。

此外,在 1980 年代犯罪行为和政治行为之间的界限变得日益模糊。在城镇反抗期间,年轻人抓住机会对周边环境施加影响,这一点将在下一章中进一步探讨。例如对啤酒馆和地下酒吧的破坏象征着夺回家庭收入,抵制饮酒这种最为堕落的社会病。非洲团体的许多内部冲突爆发在年轻人中,他们将自己分为"同志们"和"老一辈",后者往往被视作为支撑种族隔离制度而服务,但可能会令许多人吃惊的是,这很难说是他们的明确目标。相反,他们希望重建他们所认为正确的这代人的相互关系,这种关系曾经被城镇生活的非人化,也就是间接地被种族隔离所破坏。

随着自给自足农业的消失,幸存的农民和他的福利都开始依赖赚取现金收入。即便是在居留区的部分地区,拥有土地的人也开始决定去种植高品质的玉米用以销售,再靠赚取的钱从当地商人那里购买食物。他们也会种植大麻,并心存侥幸地希望这些种植物能够逃脱政府缉毒部门的注意。在别的地区,人们种植少量的高粱和蔬菜以补贴日常家用,但无法完全靠此维生。而在城镇这些方法即便可行也很少有人利用。

164

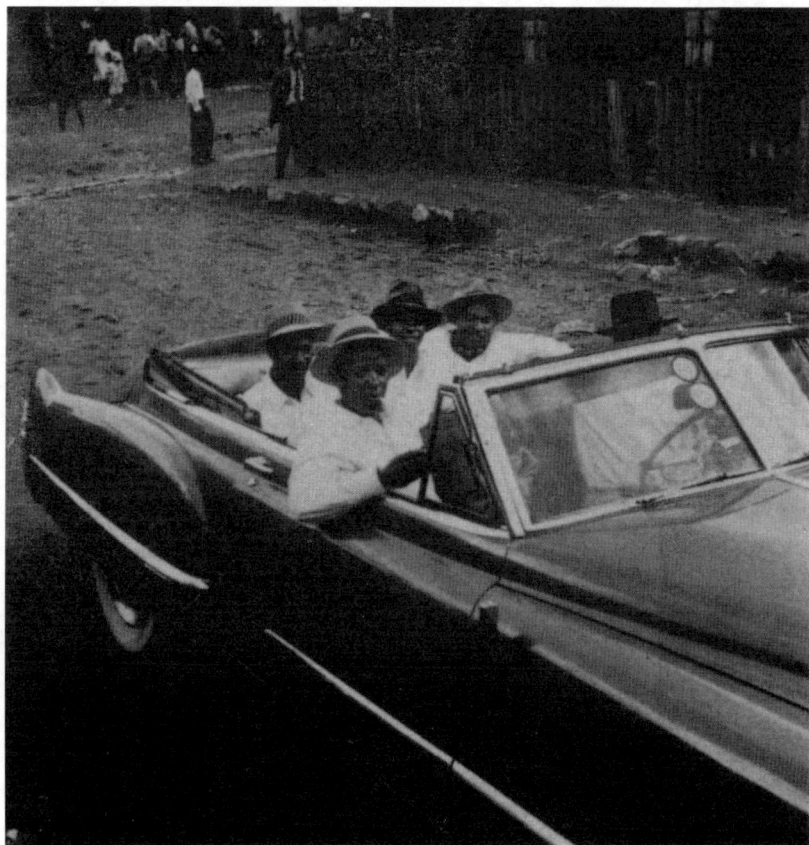

图 6.4 20 世纪 50 年代约翰内斯堡的特索特斯们。

20 世纪 40、50 年代，约翰内斯堡的黑帮，主要存在于索菲亚镇、开普敦，其他城市也有。他们的服饰和其他方面往往深受好莱坞的 B 级片的影响，形象就如照片所示，宽边帽加华丽的美国产小轿车。这些被称作特索特斯的黑帮成员成为约翰内斯堡的黑人居民最常见到同时也是最恐惧的人物。出于这一原因，特索特斯的语言也就是他们在城镇里用的暗号，被称作"特索特斯塔尔"（tsotsitaal），它是一种不断进化的克里奥尔语，它的句法基础是南非白人式的，但它的词汇则主要源自班图语系，特别是祖鲁语。

考虑到这些情况，收入分配就变得至关重要了，当然它是极度不平均的。在 1970 年代早期，南非人中最富裕的前 20％占有了国家 75％的财富（而与之相对应的是当时的美国这一数字是不到 40％）。在 1970 年代末，南非的基尼系数（一种测量收入不平衡的标准方式）要高于世界上其他可获得数据的 57 个国家中的任何一个。收入多少毫无疑问跟种族身份是密切相关的，1983 年南非亚裔人均可支配收入只有白人的 37％，有色人种是 26％，城镇黑人是 22％，而住在农村地区的黑人则是惊人的不到 6％。通过对最低生活成本的测量统计，发现有将近三分之二住在居留地的黑人生活在赤贫中。有些迹象表明赤贫的黑人比例正在下降，到了 1970 年代末最富裕的前 20％所占有的财富已经下降到了 61％，尽管这意味着黑人和白人之间原本的差距正在缩小，但黑人内部的财富不平等正在扩大。而考虑到人口数量的增长，黑人生活在合理生活水平线之下的人口总量事实上还在增长。

贫穷对南非人的基本身体健康造成了相当大的影响。一些特定疾病包括性病（梅毒、淋病还有之后的艾滋病）都在南非传播甚广，这跟南非被整合成单一的社会网络也有关系。其中在历史上最重要的疾病可能是肺结核（TB），在 19 世纪晚期之前，这类疾病在南非的发病率很低。但从那之后，在整个 20 世纪的上半叶，非洲人染病的人数直线上升。复合矿井和大城市的贫民窟为疾病提供了良好的传播环境，此外，在矿井工作的生病矿工起初一旦被诊断出感染此类疾病,就会被遣返回农村,而这反而助长了疾病在国内甚至国外的传播。在 60 年代和 70 年代也出现了类似的事情,尽管人们并不是有意为之。例如周期性地将非洲人从城市中强制迁移出来,这对那些健康状况很糟的黑人是一个很大的打击,使他们更容易感染上肺结核,重新安置也将他们带离了医疗中心。因此尽管肺结核病例的报告数量稳步下滑,而且随着全球制药工业能提供哪怕只是暂时有效对抗肺结核的药物,治愈肺结核的成功率也大幅上升,但在黑人中患病数量的减少幅度肯定远远低于数据统计的数字。

肺结核案例是众多医疗方面事件的代表,毫无疑问的是,平均来看所有南非人都受益于医疗进步,并因此提升了健康水准。例如总体幸福感中最敏感的指标很明显是婴儿死亡率,在 1960 年到 1985 年之间,一岁前死亡婴儿数量由每千人 135 人下降到每千人 78 人。而作为种族最多的非洲人,即便他们在 1960 年的婴儿死亡率最高,但在这 25 年中这一数据也下降了 40%,这说明了非洲人的平均健康有了实质性的改善。但是平均值往往会误导大家,因为它忽略了差异,形成一个单一数值。而在此数据中,上下的差异幅度是很大的,例如最高的数据是开普敦镇的非洲人婴儿死亡率,从 1950 年的每千人 280 人下降到 1980 年代中期仅仅每千人 70 人左右,当然这一死亡率依然高出白人三倍,而大多数的正式城镇例如索韦托在 1980 年代末的下降数据都与之类似。但这些数据具有局限性,它们无疑没有将在非正式定居点,例如克鲁斯柔斯出生的婴儿死亡率计算在内,同时住在乡村的南非黑人的数值与之相比也是差异巨大,他们的婴儿死亡率超过每千人 100 人。在种族隔离精细的人口鉴别体制下成为相对特权一方的优势再次明显地体现了出来,那些合法住在开普敦或索瓦托城镇的人能够有工作,有房住,并且有更好的健康服务,而其他人则只能自生自灭了。

因种族隔离而导致的差异随着 1970 年代和 1980 年代的失业率急速上升而变得更加明显了。在 20 世纪最后 15 年经济长期萧条的影响下,正规的劳动力市场难以吸收成百上千的待业年轻人。特别是作为原有种族隔离的经济支柱,对干体力活的非技术工人的需求停滞了。除了 1976 年以及十年后有过短暂的高峰,金矿的工作人数一直很稳定,农业机械化导致全职农民数量的缓慢下滑,例如在西德兰士瓦种植玉米的地区,收获季雇佣的季节工人数急剧下滑,6 个主要农业区域对这类工人的需求数量从 1968 年的 10.5 万人下降到 1981 年的 4 万人多一点。

登记数据的混乱使得很难精确统计南非的失业人数,但不管怎样,可收集到的信息显示 1970 年代失业人数大幅上升,1980 年的失业人数占经济活动总人数的 20%。而从那以后,形势变得越发糟糕,整个 80 年代,在正规行业工作人数的绝对值(撇开比例不谈)确实是在下降,到了 90 年代早期,国家人力资源部估计有 490 万失业者,也就是总人口的 39%[①]难以在正式经济体中找到工作。这一数据可能只是相对准确,因为它过高估计了儿童的数量。这股失业潮对年轻黑人的打击特别严重,人力资源部估计 1960 年 70% 的刚进入劳动力市场的新工作者可以找到工作,到了 80 年代这一数据降到了 14%,而在 1992 年估计每 20 个人只有一人可能找得到工作。

这些数据仅仅统计了正式经济体的情况,包括在政府机关、注册公司、白人所有的农场或者在国内正式服务行业工作的人。而未被正式雇佣的人中有半数在刚刚提到的工作岗位外的经济活动中牟利,当然这点已经长期成为南非城镇的特色之一了。19 世纪的伊丽莎白港,那里的码头搬运工和"穿浪者"就处于自负盈亏、无人管理的情况,还有在德班洗衣店工作的祖鲁行会也是如此,而约翰内斯堡建立之初也给许多经济活动提供了大量扩增的机会。事实上在现阶段,正式岗位和非正式岗位之间很难说仍有实质上的区别,至少在忽视矿井工人的情况下是如此。

一些非正式的经济活动是长时间为白人政府所默许的,尤其是

---

① 原文如此。——译者注

那些为白人服务的,或是各种形式的黑人医疗机构,只要不是明显与白人竞争的行业即可。其他的经济活动就导致了长期的冲突,最著名的当数啤酒和其他酒精饮料的酿造和销售行业,它是搬到城镇的黑人女性主要的收入来源,她们往往以此作为丈夫工资的补充或是经济独立的方式,一些人不定期地酿造酒,另一些人则直接经营地下酒馆。她们提供高粱制成的"乌特施瓦拉"的同时,如果地位高的客户有要求的话也提供欧洲酒,她们也会提供其他形式的娱乐消遣,例如性服务和音乐。南非流行乐正是从约翰内斯堡的地下酒吧开始了自己的发展道路。

对黑人酒精制造和销售的突袭一直持续不断。20世纪50年代中期每年有超过20万起有关违反酒精饮料法令的案件,对地下酒吧和酿酒者的搜捕时有发生,这也成为地下酒吧女王(对酒吧老板的称呼)开销的一部分。例如在1935年到1936年的12个月中,光是在斯普林斯(Springs)就有超过1.1万加仑的酒精饮料被倒入东兰德镇的溪流中。这一行为部分是出于财政考虑,1908年纳塔尔的立法机关允许市政部门出售"乌特施瓦拉"的专卖权,他们希望将非洲人饮酒限制在大型啤酒馆中,那里对非洲人有一定程度的监管,并且所获利润也会归市议会所有。借此,议会能够为非洲人的公共设施筹措经费,而无需向欧洲裔的纳税人收税。1910年后,这种酒业销售体系遍布了整个国家,甚至传到了国外,例如南罗得西亚。因为市政部门要支付工资给公共设施的监管者和警察,所以地方专卖者对抗无照营业者的压力一直存在,只是在力度上有所波动。

当然关于这场运动也有思想层面上的考虑,特别是一些欧洲裔的行政人员,他们强烈反对将独立的酿酒权利授予一些女性,他们认为所有的非洲人都应该身居次要的附属地位,而女性则首先应该听从她们的丈夫。这可以被理解为对地下酒吧引发的不道德情况的攻击,却没有意识到这种不道德的根源。特别是在1948年之后,更常见的是这些行政人员认为黑人只有在为白人工作时才能待在城镇中。

图 6.5　20 世纪 50 年代约翰内斯堡的一家啤酒馆。

　　大量的南非历史都与饮酒习惯和规则相关,在自立后的西开普,许多农场主鼓励他们的劳工饮酒上瘾,以使他们更加听话,但工作效率也会因此下降。受人尊敬的基督徒(以及穆斯林)社会大多提倡并身体力行戒酒。对于城市化的非洲人而言,有两种可以饮酒的场所,啤酒馆和地下酒吧,前者是合法场所,通常由市政机关所有,它通过售卖"乌特施瓦拉"获取巨额利润,并将此投入城镇管理中。但是这种酒馆只售卖批量生产的啤酒,品种有限十分贫瘠,氛围也不受人欢迎,因此大部分人不愿意来此饮酒。

　　另一个就是地下酒吧,也分许多种。有一些成为安静的家庭雅座;另一些则成为罪恶的藏身所,提供性服务,出售大麻和非法的蒸馏酒,这种酒通常充满了杂质,有时甚至会致死;而大部分酒吧介于这两者之间。高档次的地下酒吧会卖啤酒、葡萄酒和有欧洲风味但产自南非的白兰地,以及一些进口威士忌;其他酒吧主要就卖"乌特施瓦拉",有些就是在该酒吧酿造的。这些酒吧通常由女性经营,她们被叫作酒吧女王,而酿酒业务就成为城市女性重要的收入来源。饮酒场所经常会爆发各式冲突,并时常受到来自女性、当地政府和激进青年的威胁。女性希望将她们男人的花费从啤酒馆转移到家庭或是家里的啤酒厂；当地政府则长期将地下酒吧视为自身啤酒垄断权以及法律和秩序的威胁；而在1970年代和1980年代，激进青年将饮酒视为消弭斗争意识的罪魁祸首。但是从1990年代中期开始，地下酒吧被视为南非文化的完整而重要的一部分，甚至在比勒陀利亚旅游指南上打起了广告。

　　这一攻击并不限于酒业销售者，为了限制他们认为不合宜的非洲人小本创业，在所有商业领域都采取了各种措施。在约翰内斯堡市中心以及其他城市中，直到在1960年代早期之前黑人工作者都可以在黑人所有的流动马车或是永久的售卖亭中贩卖茶、咖啡等，它们取代了非洲人心目中小餐馆的地位。从那之后，这一类型的企业遭到了打压，单单在约翰内斯堡就有超过2 000名马车和售卖亭经营者丢了饭碗。到了1980年代末，中央商业区的非洲人小贩遭到以卫生名义的坚决打压，这起初是出于对白人竞争优势的保护，后来则是出于对"恐怖主义"的恐惧。而黑人的小规模生产行业例如家具生产、钣金加工等，在"白人"地区也被同样认为不合法。空间约束和信贷服务使得黑人难以和白人工业在城镇展开竞争，除了像防盗栅栏和火炉之类市场（至少在这一时期）完全面向黑人的产品。黑人运营的运输网络，例如迷你巴士出租服务，也再次屈服于班图斯坦统治者和白人合作经营的运输公司的利益，并受到不断的骚扰。

　　从长远来看，通过种族隔离维持白人统治的策略是无法与受害者的策略相匹敌的。到了1980年代末，主要的黑人非正式经济至少在国家国内生产总值占到了20%，它为半数没有正式工作的人提供了收入，这一收入超过了黑人矿工所挣的钱。这其中超过半数的人是小商小贩，四分之一从事小规模生产行业，大约八分之一从事各式服务业，剩下的人从事的是被南非各邻国视为违法的活动。在这一时期对黑人的管控有了大幅度的放松，而这导致了人们为控制新的自由化经济活动而引发的血腥冲突。特别是在出租车行业，竞争双方袭击甚至杀死对方，以及对方的客户，以获取垄断地位。同样，几十年的压制和骚扰所带来的遗产是国家经济主要部分的持续畸形和不发达,并损害了所有居民的利益。

从更宽泛的角度来看,种族隔离为不熟练劳工的雇主带来了不少好处,同时,它没有鼓励(甚至使之不可能)去充分发掘劳工的潜能。南非曾尝试成为低真实工资和相对高劳动成本的国家,特别是工厂和工业的位置远离隔离住宅区,这是种族隔离强调空间隔离的结果,而这一点使工人的上班成本很高。撇开非正式定居点,不完善的城镇公共设施导致居民被迫高价获取水、供暖和照明。贫穷的家庭没有接入电力网络,也没有能力支付连接和运作费用,事实上这一费用数目按绝对值计算,与城市中大一点的白人所有房屋的能源花费是相同的,他们不得不花费更多的时间在破坏环境上,也就是砍伐树木。而这一费用最终部分被他们的雇主极不情愿地支付了。又一次面对潜在或是事实存在的冲突时,雇主没有投资去训练他们的工人,而工人除了害怕被解雇之外,也没有理由去发愤图强,其结果就是低生产率。

生产率不仅仅关系到激励机制,也是一个教育问题。种族隔离摧毁了旧有的传教士教育系统,后者为少量精英提供了高水平的教育,并在一些特定的区域内提高了平民的普遍文化水平。种族隔离向所有背景的政治阶层反复灌输着它的政治理念,以至于到了种族隔离被推翻时,人们仅能做到及时抓住机会按照传统将国家再次绑成一体。政府为了取代慷慨的家长式作风的传教学校,所推行的大众教育在质量上可以说对现代社会毫无用处。

基本数据很清楚,1950 年有 20 万名黑人儿童入校读书,而 12 年后有 362 人(低于每千人 2 人)通过了大学录取考试。在那之后,黑人中学的数量有所增长,但如我们所看到的,新学校因为意识形态的原因,大多开设在班图斯坦里面,并强迫这些未来的学者住在亲戚家或是学校里。而资金情况仍然很糟糕,在 1970 年代中期政府为每个黑人学生提供了 41.80 兰特[①],仅相当于给白人学生金额的 6.5%,到

172

①　Rand,南非货币单位。——译者注

了下一个十年，这一比率提升到了 20％。大部分黑人学生只在学校学习一段时间，有超过半数的人学了不满四年就辍学了，他们顶多算是半文盲。学校的人数很多，老师和学生的比例在 1988 年是 1：44，而老师自己往往也缺乏训练；仅仅过半的人有基本教育资格。除此之外，他们总是采用双班轮流制以便教育最大数量的学生，即便这是以最低质量为代价。

图 6.6　20 世纪 80 年代德班附近的一家黑人学校，显示了众多教育机构过度拥挤的情况。

在这一背景下，老师和学生可用的唯一的方法是避开任何形式的独立意识和分析思维，而采用死记硬背的学习方式，并借用手杖等纪律惩罚方式强迫学生学习。通过这种方式，学生或许能够在就业市场中找到更好的工作，但是一些不适合这种教育方式的科目被取消了，部分也是因为老师自己也没有能力去教授这些科目。因此即便是到了 1990 年代每年也仅仅有 200 多一点的黑人通过了大学录取考试的数学考试，这并不是一个能创造高效率劳动力的方法。

同时独立意识是不能被忽略的，相反，它被默认与政治行动相连。一整代的学生在"先自由，再学习"的口号下，用他们的青春来挑战政治制度。这种行为或许是必要的，也很容易理解，但是它所付出的代价即便与其他众多和种族隔离相关的代价相比，也是十分巨大的。

第七章 "让自由主宰一切",种族隔离制度的结束和民主过渡,1980—1994

回顾过往,导致 1990 年放弃种族隔离的趋势在 1970 年代末就已经开始变得明朗了。当然,形势在那时还不是很清楚,这类发展变化也被当作是种族隔离反对者或支持者希望的象征,也是必须去面对和克服的问题,如果他们承认这一点的话。

1978 年,约翰·沃斯特(John Vorster)辞去南非首相之职,转而成为南非总统。他的辞职一部分是因为自身糟糕的健康状态和精疲力竭,另一部分则是出于避开他被牵连在内的财政丑闻(尽管他自己可能并没有从中获利)。为了抵挡来自国内的攻击,沃斯特批准将各种秘密机构掌握的历年积累下来的无人监管的资源用于政府的宣传工作。其中一些人的权力不受人监管,这自然导致了腐败和情色事件。这一丑闻被缓慢地泄露给了内阁、新闻媒体和国民党的议会成员,在确保沃斯特身败名裂的同时,也决定了在新首相选举中原本最有希望获胜的康尼·莫尔德(Connie Mulder)败给了彼得·威廉·博塔(P.W. Botha)。

博塔即便按照国民党政治家的标准来看也是一个令人可怕的人物,十分符合他的绰号"大鳄鱼"。任何形式的外界压力只会促使他更为坚定地用更强有力的行动达成目标,他与被他赶下台的人有两个重要不同。首先,他是开普省国民党的党魁,然而他的对手是德兰士瓦

168

图 7.1 彼得·威廉·博塔在仪式上检阅军队。

人;其次,作为国防大臣,博塔的政治基础是在军队中,然而沃斯特早已打通好警察和国家安全机关——例如国家安全局(BOSS)的关系,事实上国家安全局就是沃斯特创立的。在这场政治转变发生后,这两个特征与之后南非政体的重大发展保持一致。

首先从后者讲起,在 20 世纪 80 年代,南非的军事化发展迅速。利用和博塔的关系,南非国防部的头头马格努斯·马兰(Magnus Malan)开始四处宣传他的"总体战略"计划。他们相信南非已经成为苏联为首的共产主义阵营总攻击的目标之一,他们认为非国大不过是莫斯科的"奴仆"。的确是有一些共产党员位居非国大组织的领导之职,例如非国大的武装组织国家之矛中,立陶宛出生的乔·斯洛沃(Joe Slovo)以及来自特兰斯凯的克里斯·哈尼(Chris Hani)都是南非白人政府的心头大患,非国大也接受来自苏联的援助资金(也有来自许多西方国家的)。除此之外,南非政府强调共产主义对南非的威胁也获得了美国里根政府一定的同情,卡特政府自 1980 年以后对南非施加的压力在减轻。但是,通常来说,南非政府对共产主义威胁的一再强调仅仅是加强

176

了人们对南非共产党的支持。

总体战略有两个主要组成部分,首先是更严厉的军事行动,以图将威胁尽可能地扼杀在南非国境之外。但1980年阻止前葡萄牙殖民地和津巴布韦由非国大的同盟统治的失败,证明了这一点在理论上是不可能做到的。因此南非政府转而开始尝试通过隐蔽的方法瓦解、分裂和削弱这些国家,这在津巴布韦只取得了十分有限的成果,但在莫桑比克这项计划的成果——莫桑比克全国抵抗组织(RENAMO),发起了一场"肮脏"的内战,并将整个国家变成了一片废墟。在安哥拉,南非也是极力维持战争的延续,并将奥凡波兰(Ovamboland)归还给北纳米比亚,当时这一地区绝大多人都住在军事堡垒中,以防止敌人的渗透。

这些行动中相当一部分必然是秘密进行的,并进而延续到了南非国内,各种军事分支通过暗杀以及组建私人军队等方式参与政治斗争,其结果是这些组织逐渐摆脱了政治领导者的完全控制,并开始为了自己的利益行事。他们的政治行动超出了政府的许可范围,他们的权力则通过毒品和象牙贸易为他们带来了大量的私人财富。

总体战略的第二个组成部分是在政治上更趋严厉。合法性和新闻舆论的成果对于围堵共产主义是十分重要的,而这与博塔另一重要的政治基础即开普国民党相互结合在了一起,资本主义企业在这一政党内部比更纯洁的德兰士瓦理念更有影响力。国民党的开普成员并不反对基本假设或是种族隔离的措施,如果他们有异议就会被驱逐出国民党。他们认为为了维持南非白人特权和白人经济的繁荣,只需要在经济和社会上作出一定程度的改革即可。

177   最终问题变得难以解决,到了1980年代末政府也承认了这一点。为了生存,种族隔离必须要调节好两个主要矛盾。首先它必须适应以劳动密集型剥削为基础,使用大量非熟练黑人劳动力的经济和社会体制在20世纪晚期向日益增多的资本密集型需要的转变。即便是在金矿,从事低技术含量工作的黑人比率也从1960年的68%下降到20年后的53%,但是种族隔离所造成的教育和交通额外费用等意味着南非劳工生产力并没有价格上的竞争力。尽管南非的工资一再降低,但是 1976 年在南非拼装一辆小轿车的成本依然要比美国贵了 62%。因为工厂的位置,南非越来越缺乏吸引力。直到 1970 年代末,南非经济依然以金矿为支柱行业,并且在当时金价上涨的情况下获得了短期的回报。但从 1980 年起,金价开始回落,特别是与油价相比。此外,南非的黄金储备开始耗尽,黄金这一长期催动南非经济发展的发动机开始急剧减速,但没有其他的矿产能取代黄金的地位,尽管到了 20 世纪末,逐渐增长的白金生产已经在金属出口中超出了黄金产量。

当然,在同一时间也有将南非企业转型以提高资本化和劳动生产效率的尝试。在这样的企业中,工人将不再被视为可随意被取代的生产单位,而这意味着如果不论残酷的高失业率,那些有工作的人如今在工作场所比之前更受人赏识。同样,转型成资本密集度更高的经济,让南非在面对国际经济因为其种族政策而施加的半心半意的制裁时变得更加脆弱了。南非唯一缺乏的主要原材料是石油,但是石油禁运可以通过价格,以及大力发展从南非储量巨大的煤炭提取石油以供应汽车燃料和其他石油产品的技术等方式避开。南非资本货物进口和外国投资的下滑要比石油禁运更沉重地打击了南非经济,制裁让精于计算的商人认为投资南非的风险太高,并严重阻碍了南非经济的增长。1985 年 7 月,美国大通银行因为南非的政治动荡而决定不再向南非债务人提供延续贷款的服务,许多其他银行随后采取了相同的举措。这类行动产生了自我实现预言的效应,它们加剧了南非的经济危机。

种族隔离政策为了延续下去而要调解的第二个矛盾是政治上的,种族隔离必须在不改变其基本特色的基础上增强自身的合法性和政治基础,并想方设法实现"分享权力的同时保住主导权"。如果没有做到这一点,那么就不可能在控制黑人骚乱的同时摆脱在国际上不良的形象。南非种族歧视的法律化使得它而今被排斥在世界秩序之外,并招来了旨在长期削弱南非的经济和其他类型的制裁。最重要的是制裁也被施加到了运动场上,禁止南非白人参与国际英式橄榄球赛的禁令,对于许多南非白人运动员来说,是一个特别沉重的心理打击,他们已经习惯于用高超的技术展现他们在这项运动上的绝对优势。

178

图 7.2　一场早期跳羚队对全黑队的橄榄球赛。

　　英式橄榄球在 19 世纪晚期通过说英语的私人教会学校传入南非，并至少在开普殖民地迅速传遍了所有社区。在开普敦、金伯利和东开普，黑人和有色人种俱乐部也很快出现，而开普敦的穆斯林开始参与这项运动时通常是作为白人的观众和支持者而非运动员。有一位著名的白人运动员就总是在场上比赛时带着穆斯林的护身符，当他忘了带时就受了伤。和板球一样，英式橄榄球成为受传教士教育的非洲精英的象征之一，特别是在东开普，这些人在简陋的条件下依然继续进行这项运动。以后成为体育部长的史蒂夫·茨韦提（Steve Tshwete）甚至在罗本岛服刑时组织了一场英式橄榄球比赛。

　　然而，英式橄榄球最受南非白人欢迎。南非的饮食给了许多南非白人驾驭这项运动的体格，从 20 世纪 20 年代开始，被称作跳羚队的南非代表队（如上图所示和新西兰的全黑队比赛）战绩斐然，且因为几乎全由南非白人构成，被视为白人力量的指标。从更具地方性的层面来看，英式橄榄球为许多南非白人以粗野和无情为核心的男性自我形象提供了一个展现的机会。

179

整个 20 世纪 80 年代改革南非体制的零碎尝试都是在不影响基本结构的基础上进行的。1979 年和 1981 年,政府与企业高层进行了会谈,以获取商界对改革的支持,同时,政府组建了一系列的委员会为政策中的关键部分出谋划策。而负责工业劳动力方面的维哈恩(Wiehahn)委员会提出的建议是承认黑人工会,废止工作上的法定种族歧视,并向黑人开放学徒身份。从 1979 年开始,这些建议都得到了实施,其结果是黑人工会在 1980 年代早期的迅猛发展。至少在开始时,最为集中的问题纯粹只在工业方面,黑人工会不希望他们的举动服从于白人中产阶级的政治议题,这是出于对过于政治化而可能招致的镇压的恐惧以及为他们的成员争取最大的利益。同时,工会的集合体像南非工会联合会(FOSATU)和南非工会委员会(CUSA)是那时南非最大的黑人组织(除了一些教会组织)。除了追求黑人工人阶级领导权的南非工会委员会,还组建了全国矿工工会(NUM),它是由地下外来劳工在 1982 年一场重大非正式金矿罢工的风波过后组建的。它的秘书长西里尔·拉马弗萨(Cyril Ramaphosa)毕业于德兰士瓦北边的文达大学,并习得了一手工会技巧,这使他成为南非最精明和最高效的交易谈判专家之一。

1980 年代早期另外两个主要政府委员会分别由 P.J.里克特(Riekert)和 J.P.德朗格(de Lange)担任主席,前者主持人力资源工作,后者负责教育工作。后者承认需要提高黑人的教育水准并平衡政府对各种族的教育补贴,但在新措施的花费和对种族隔离表现出的威胁两方面踌躇不定,里克特领导的委员会尝试扩大黑人的权利,黑人此时已经获得了在一个城市定居的权利。这些条款并不总是受官僚的欢迎,甚至会被拒绝推行下去,因为他们中大部分的工作都依赖给予了他们思想信念的旧秩序。尽管这些措施并没给予其完整的南非公民身份,但它们确实给予了黑人城镇一定的自治权,而由此组建的行政机构必须在财政上自给自足,因此它们四处征集租金和税收,而这成为当地紧张关系的重要原因。相反,那些没有这些权利的人现在甚至被更严格地禁止移民城市。"城内"和"城外"的区别因而被进一步拉大,也增加了城市冲突爆发的风险。

这一零碎、难以令人信服的改革计划是因为政府意识到如果不和国民建立联盟,就无法再维持自身的权力。维哈恩委员会提出的立法就旨在使城市黑人感觉自己所享有的特权是和政府绑在一起的,这也是里克特委员会希望的。博塔在 1985 年参与南非最大独立教会——锡安基督教会总部在摩里亚(Moria)的复活节庆典活动就是这一策略的体现。这一策略最重要的一环是国家宪法。1984 年,政府听从了阿尔文·施莱布施(Alwyn Schlebusch)领导的委员会的意见,制定了一个新宪法,这是南非政府独裁主义和半信半疑的典型例证。一方面新宪法集中了总统委员会的权力,将南非总统从 1961 年共和国声明规定的有名无实的领袖几乎提升为一个国家的正式君主,而博塔自然从总理变为了总统。另一方面,新宪法通过三院制议会的方式,第一次给予有色人种和印度人在国家统治中的正式话语权。这种议会的主要政党可以提名一些成员进入总统委员会当中,但他们的数量和白人议会主要政党(事实上尽管法律没有明确规定,但就是国民党)提名的成员相比永远处于少数。黑人依然受到严格的排斥;理论上他们可以通过班图斯坦运用自己的权利,它由四个独立国家和其他的在向建国迈进的地区组成,但即便是国民党理论家也没能为有色人种和印度人制定看似合理的和白人分隔开的"家园"的概念。

这一宪法在白人公民投票超过 50% 赞同后被采纳了,但是它也确实招致了大量的反对声音。它造就了更为突出的强硬右派,他们认为博塔正在放弃真正的维尔沃尔德的原则,并加强了反对国民党的力量。至于左翼也有人强烈反对新宪法,甚至开始动员有色人种和印度人去抵制三院制议会选举和由合作与发展部(这一部门由班图事务部按照种族隔离晚期故弄玄虚的范式重新命名而成)部长彼得·库恩霍夫(Piet Koornhof)①提出的库恩霍夫议案,他希望借此实践里克特委员会的建议。这些抗议直接导致南非联合民主阵线(UDF)的建立,它之后被证明

---

① 1925—2007 年,南非政治家。种族隔离时期曾在沃斯特和博塔政府中担任内阁部长,以及驻美大使。种族隔离结束后,于 2001 年加入非洲人国民大会。——译者注

是反对种族隔离最大和最有效率的组织。政府改革的尝试以及与有色人种和印度人的合作看上去招致了种族隔离冷酷无情的政治惩罚。

南非联合民主阵线作为联合阵线有两方面的含义，首先它将自己视为被禁止的非国大的代表，并将《自由宪章》作为计划的基础。它的领导层由 20 名名誉赞助人组成，其中大部分都有非国大背景，甚至有一部分人还在罗本岛的监狱中。它的三位主席是阿奇·古梅德（Archie Gumede）[①]、奥斯卡·姆佩塔（Oscar Mpetha）[②]和艾伯蒂娜·西苏鲁（Albertina Sisulu），他们在 1950 年代都曾参与过国会运动，而它的执行委员会则相反，由背景广泛（尽管很少有人有工会组织的经验）、更年轻的活动家组成，他们通常擅长操纵媒体。

南非联合民主阵线也是数以百计相关附属组织的联合阵线，这些组织通常只在当地活动。较为典型的有公民组织、妇女组织以及各个城镇和班图斯坦中的青年人团体。当然，也有不少严格来说是政治团体的宗教组织，例如释放曼德拉运动，还有一两份附属的报纸。起初在其中几乎没有什么工会组织，但是 1985 年后南非工会联合会和各种以社区为基础的团体被南非总工会（COSATU）吞并，而南非总工会恰恰与南非联合民主阵线结成了同盟，因此尽管南非联合民主阵线的领导者能够组织一系列齐心协力的运动，但阵线的力量来源主要是通过当地事务发起动员的各种附属组织，而政府对领导者的逮捕也不会对大部分的活动产生重大的影响。但是，能够控制当前局势的既不是国家领袖，也不是非国大被放逐到卢萨卡（Lusaka）的成员，他们有时候甚至会对与南非联合民主阵线有关的行动感到震惊。

1984 年 9 月，南非联合民主阵线的反抗，特别是对收租和新黑人当地政府的，引发了一场公开起义，起初是在瑟博肯（Sebokeng）[③]和沙

---

① 1914—1998 年，南非反种族隔离活动家，律师和政治家。——译者注

② 1909—1994 年，南非工会活动家和政治家，1954 年加入南非共产党，1958—1960 年任非国大领导人，是南非工会大会创建人之一。——译者注

③ 位于南非豪登省，距约翰内斯堡西南约 40 公里，1965 年成立，修建了大量的简易房屋，以容纳在附近工业区工作的黑人。——译者注

佩维尔的瓦尔镇,它位于约翰内斯堡南面弗里尼欣周围。起义从那里开始向四周扩散,它的主要焦点是在四个地区:东开普,那里在 1986 年早期南非联合民主阵线/非国大就声称有 27 个城镇在它的控制之下;之后,被称为豪登省(包括比勒陀利亚、威特沃特斯兰德和瓦尔三角地区)的工业核心地区;大开普敦;以及德兰士瓦的一些班图斯坦地区。但是整个南非几乎没有地方不被波及,南非联合民主阵线的反抗从历史上来看可以从非国大在卢萨卡的号召(将国家变得更加难以管理)中找到合法的依据。

183

　　所有这些起义的主要参与者都是"年轻人",特别是年轻男性,从某种意义上说这是一个词语重复,"年轻人"的定义不仅仅指年龄,也包括政治上的定义。但是教育的全面普及和学生普遍的不满,再加上几乎所有毕业生的失业意味着当政治活动者出现时会有大量支持者响应他的号召。而反抗的文化、自由之歌、"托依托依"舞蹈(toyi-toyi,表达反抗之意的舞蹈)和扔石头等行为则鼓舞了这些支持者。各种当地和宗教的年轻人大会和在罗本岛释放回来的彼得·莫卡巴(Peter Mokaba)领导下的南非青年人大会结合起来,在起义中代表了最激进和最好战的一环。

　　这些年轻人团体的受成年人控制或者说约束的程度仍是个问题。缺乏耐心的青年政治活动家和从小受到的尊重年长者的教育保持着不牢靠的平衡,特别是在这种尊重可能不再被认为是合理的情况下,许多非洲社团在 1980 年代起义时的内部政治历史都是围绕这个议题。当然有地区依然保持了这一平衡,例如西兰德克鲁格斯多普(Krugersdorp)地区的黑人郊区卡吉索(Kagiso),这里表面上则相对寂静。但不管怎样,定居者组织和当地工会的联盟有效地控制了该城镇 12 年,库恩霍夫议案后建立的当地政府都没法在此运作。卡吉索参与了对当地超市和公交企业的抵制,黑人尝试运用他们作为消费者的经济权利来加大政治变革的压力。"年轻人"将这场抵制活动强加给卡吉索的居民们,但是在这当中他们使用了谨慎的力量,没有政治上的强制执行。相反,和许多其他地区一样,一个非正式但有效的当地司法体系出现了,以确保当地的社会规范能得到贯彻,尽管城镇生活仍然很紧张。这是社区领导者的工作,例如伯纳德·恩库贝(Bernard Ncube),她是一个住在卡吉索的修女。年轻人完全准备好将这类事务的责任交给那些资历老、足以应付此类事务的人。

图 7.3 "年轻人"的类似康茄舞的"托依托依"舞蹈。

20世纪80年代,南非联合民主阵线"年轻人"的类似康茄舞的"托依托依"舞蹈和其他"激进"集会曾经隐喻南非联合民主阵线的统一愿望,至少对于参与者而言也是实现团结的一种强有力的心理方法。这种舞可以追溯到前殖民战争时期的舞蹈,在20世纪的早期,这种舞蹈形式的转变基本是由在复合矿井工作的外来劳工完成的,它在体现民俗特点的同时也确定了矿工的地方和种族身份。

因为是修女,伯纳德·恩库贝被排除在家族式男性权力之外,但她做事的方式可能是绝大多数女性都没法做到的,即便她绝不否定她身为女性的事实,她还成为德兰士瓦女性联合会的主席。卡吉索特别的历史,即年轻人运动产生于基督教团体,使得她更加容易进入领导层。同样,她是一个十分典型的南非联合民主阵线的基督教领袖,当时许多最杰出的反对派领袖是忠诚的受戒基督徒。拜尔斯·诺德(Beyers Naudé)和阿兰·博萨克(Allan Boesak)(前者是白人,后者是有色人种)都是荷兰改革宗的牧师,还有开普敦的英国圣公会大主教德斯蒙德·图图(Desmond Tutu)可能是这些人中最突出的,但是他们的声音是唯一引起广泛共鸣的。他们能向人们表达这样一个普遍信仰:即反对是一个道德义务,这一道德理念起初是被传教士带到了这片大陆上,并在之后近两百年广泛地被南非的人民所采纳和内化。

卡吉索并不是一个特别的例子,它在1980年代的骚乱经历十分普遍。然而它并不代表这就是黑人团体所经历的变化的唯一模式。尽管有着像图图这样的人的努力,还有因南非联合民主阵线和非国大的领导者被放逐而引发的沮丧情绪,但也有许多地方出现了血腥、凶残的斗争。那些依然"待在体制内"的人,例如警察、地方议员或是那些政府的线人,如今有着被人砍死的巨大风险,或是以更正式的绞脖子(necklacing,将轮胎挂在人的脖子上,洒上汽油并点燃)的方式被处死,绞脖子被视为净化社会罪恶的方式。

图 7.4.1 J.D.沃斯特。

图 7.4.2 拜尔斯·诺德。

187

图 7.4.3 德斯蒙德·图图。

图 7.4.4　弗兰克·契坎尼(Frank Chikane)。

图 7.4.1—7.4.4 所示的是四位教会领袖,他们的行动超出了他们的教派范围。J.D.沃斯特博士是改革派教会,因为他的兄弟约翰而对种族隔离持强硬立场。而拜尔斯·诺德①则看到了种族隔离和加尔文信仰的不相容,他所信仰的这个宗教与南非白人统治集团的理念是相背离的,他组建了一个基督教协会并给予许多正处于困惑中的黑人和白人基督徒以希望。德斯蒙德·图图曾经是开普敦的英国圣公会大主教,他利用他职务的神圣和他个人的正直声誉抨击种族隔离的不公和反抗它的过激斗争,1994 年后他担任了至关重要的真相与和解委员会主席一职。弗兰克·契坎尼是靠近克鲁格斯多普的卡吉索使徒信心会(Apostolic Faith Mission)的牧师,也是处境神学(Contextual Theology)协会的领导者,这一协会关注南非自由理念、南非教会理事会和南非联合民主阵线在德兰士瓦的发展。

---

①　1915—2004 年,南非荷兰人后裔,神学家,1960 年成为种族隔离制度的反对者,曾任南非教会理事会秘书长。——译者注

如果没有充足的政治教育或是长辈的同情心的调和,好斗的年轻人对黑人社会的控制会变得更加激进,这些年轻人被一些人利用来建立自己的个人权威,这些人中相当一部分宣称向南非联合民主阵线和非国大效忠。曼德拉之后的妻子温妮(Winnie)是这些人中最为出名的,但她绝不是唯一一个。而在 1980 年代末,她对索韦托部分地区的个人统治变得日益残忍,南非联合民主阵线和非国大没能成功约束她,而政府也决定容忍她的行为,以败坏曼德拉的名誉。在一些地区,政府镇压导致的伤亡引发了"制造战士"的运动。而为了确保达到这一目的,无数年轻女性在一年之内怀孕并最终强迫政府屈服。年轻人开始努力以确保运动成功。

在北德兰士瓦的塞库库兰发生的事件特别引人注目,这一区域是莱博瓦(Lebowa)班图斯坦的一部分,如今正变得赤贫,且容纳了一大批无业的年轻人,他们找工作的希望随着约翰内斯堡外来劳工数量的下降而破灭。该地也有着长期的反抗传统,例如 20 世纪 50 年代的塞巴塔戈马(Sebatakgomo)①运动,以及由之后任豪登省省长的托基奥·塞克斯威尔(Tokyo Sexwale)②领导的国家之矛游击战让它短时期内成为焦点。此时,彼得·恩恰贝伦(Peter Nchabeleng)和他的儿子的出现在一定程度上为这场在许多村庄中展开的运动指明了方向,恩恰贝伦当时已从罗本岛刑满释放,也是非国大的坚定分子,运动的主要目标指向被人当作比勒陀利亚政府仆从的莱博瓦政府机关。但是塞库库兰的"革命同志"所经历的一系列意外事故让人们以为他们正在遭受巫术的袭扰,之后死于警察拘留所的恩恰贝伦尽了他的最大努力去约束"年轻人",但是没有成功。1986 年的前几个月份里,在反叛的核心地区恩克瓦勒(Nkwane)和阿佩尔(Apel)的村庄有 36 人,主要是寡妇,被当作巫婆烧死,她们的平均年龄超过了 60 岁;而刽子手们只有 19 岁。

---

① 北索托语,意为"救助"。1954 年一些非国大成员在德兰士瓦发起的一个以移民劳工为基础的民权运动,后来在 1958 年发生的塞库库兰起义中发挥了核心作用。——译者注

② 1953— ,商人、政治家,因为参加纳尔逊·曼德拉领导的反种族隔离活动,曾被监禁在罗本岛。1994 年新南非成立后,出任豪登省省长,2009—2013 年担任由住房部改名的人类住区部部长。——译者注

189 　　这一令人震惊的插曲有两点值得一提,首先,屠杀所谓的巫婆在前殖民时期也时有发生,而为这种行为辩护的有害观念在 20 世纪依然残留了下来。事实上,班图斯坦地区特别是德兰士瓦的人口集中的迹象以及人际关系的不断紧张意味着更多的人被怀疑是巫师并因此丧命,甚至班图斯坦特别是文达地区的政治家也被认为用巫术来达到政治目的。但是因为政府不承认巫师的存在,并将指控他人是女巫视为一种犯罪(因此政府有时候在某些地方被视为女巫的保护者,其权力来源是一种魔力),这些指控被迫一直处于爆发的临界状态,人们也没有找到净化整个社会罪恶的方法。第二点是 1986 年女巫大屠杀的社会背景,事实上当时女巫指控的普遍增多的情况和 17 世纪欧洲和北美的情况十分相似,都缺少强有力且受人尊重的权力结构来查找谣言的来源并将这类事件扼杀在摇篮里。尤其是随着酋长们被增选进——如班图斯坦政府,酋长统治合法性的长期下降和政治秩序在 1985 年到 1986 年夏季的短暂瓦解有助于解答这些女巫事件的成因。至少从最低限度上讲,有威望的乡村机关确保了年轻人在屠杀所谓的女巫之前走完了相对正确的流程,例如咨询占卜师,等等。

图 7.5　一位木雕师和他的木雕。

在南非前殖民时期,人们的身体和使用的物品都被装饰上了珠子,而珠子正是和欧洲人的主要交易商品。另外原有的装饰房屋的传统,20世纪被北部省份恩德扎恩德贝莱(Ndzundza Ndebele)地区的妇女扩展到利用引人注目、五彩缤纷的几何壁画来标记其社会身份。但是这类事物通常被欧洲人归为民族志,而非艺术品,因其缺少连贯性及功能性,而这是成为艺术品所必需的。

当然也有一个显著的例外情况,在北部省份有雕刻有象征意义的木雕的传统。在巴洛维度(Balovedu),雕刻石柱并用其围绕戈洛(Kgôrô,政治权力的中心)作为王室的象征,这一例子中专指女王的权力。在文达,门、鼓和其他物品也被雕刻上浅浮雕,黏土和木制小雕像被用来辅助女孩的启蒙教育。在不同时期,这种背景下发展出的雕刻技术都被用来生产艺术品以供应市场。19世纪90年代,比勒陀利亚周边地区制作出来的木雕开始卖给游客来赚钱。 190

到了最近,不少雕刻者开始用上了漆的木头来制作更具感染力的作品,这被证明是危险的,因为他们不仅被指控背叛了原来的工艺手法,更被认为是巫师运用雕刻的图像将他们的邻居变成僵尸。而他们卖雕塑给欧洲和南非收藏者赚来的财富使人们越发相信此类说法,并因此惹来了杀身之祸。

即便是在德兰士瓦的农村地区,也不是所有的斗争都导致了这类过激情况,广泛开展的反抗活动使得将大部分姆特斯地区(Moutse)的索托人飞地并入到夸恩德贝勒和其后的班图斯坦的独立计划流产了,在这一事件中,"年轻人"——成员来自本地区和比勒陀利亚,因为夸恩 191 德贝勒已经成为比勒陀利亚的郊区——和恩德贝莱王室家族一起坚决反抗政府支持的夸恩德贝莱首席部长斯科萨纳(S.S. Skosana)和他的私人武装姆博科杜(Mbokodo)。

在处理斯科萨纳和姆博科杜的问题上,南非政府采用了一种在1980年代广为流行的策略。一方面,南非联合民主阵线的起义导致博塔在执政初期被迫短暂叫停了改革,并大量采用直接镇压的方式。

起初紧急状态只是在部分特定地区宣布(尽管覆盖了相当一定比例的人群),而到了 1986 年 6 月,整个国家都出现了安全部队的防卫工事,而军方要员则成为南非真正的统治者,并拥有了相当大的权力。针对示威者的枪击事件和针对主要反对派(起初只是针对煽动叛乱的人)的有计划的刺杀开始广泛出现,这些被杀害之人的葬礼成为盛大的政治集会。但是到了 1988 年的早些时候,随着南非联合民主阵线和六名其他组织成员被正式软禁,白色恐怖达到了政治目的,起义被镇压了。

在另一方面,镇压之所以能成功只是因为政府招募了大量的黑人来完成其中的脏活,辅助警察之所以被称作基斯孔斯特贝尔(kitskonstabels),是因为他们的建立的时间极短(nkits,南非白人语"片刻"的意思),几乎没有经受过什么训练,并被广泛部署。而在许多黑人城镇中,当地军阀所控制的更业余的义务警员小队则主动去镇压这场"革命同志"运动。

当整个过程在全国进行时,我们之前所提过的开普敦镇周围的违章居留地在纳塔尔的发展到了最危急的时刻。在 1980 年代,布特莱齐(Buthelezi)的因卡塔(Inkatha)自由党和南非联合民主阵线的冲突演变为一场全面内战,数以千人死于其中。

这场冲突的源头可以追溯到 150 年前,图盖拉河(Thukela River)以北的祖鲁王国和以南的纳塔尔殖民地的分隔。在祖鲁地区,酋长制度延续了下来,或者按更严肃的说法间歇性地加以重构,而在南边没有延续这种做法。这一区域广泛的外来劳工加强了这种权力结构,因为远离家园的男性需要依靠主要权力结构来保住他们对土地和女人的所有权。布特莱齐将祖鲁民族主义象征符号的熟练使用以及对祖鲁王室家族的包装和利用相结合,来获取远超过他的同伴所享有的担任班图斯坦领导者的统治合法性。而一旦他掌了权,他便能够利用祖鲁兰四处可见的贫穷,通过施予一些小恩小惠和镇压反对者来确保人民对他领导的因卡塔运动和夸祖鲁政府的忠诚。他的追随者确实将他们自己视为 19 世纪因不斯(班图族武士)的继承者,因此他们参与因卡塔也是将其视为自身男子气概的组成部分。

这些并不是造成对德班和彼得马里茨堡城镇居民和这两个最初殖

民城市之间散布的贫民窟严重影响的原因。和他们遍布各地的其他同伴一样,南非联合民主阵线对这些居民的吸引力更大,他们的第一语言是祖鲁语,可能还将自己视为祖鲁人,但这并不意味着他们准备为这一身份而死。在这其中,宪章政治运动传统和有着广泛成员的南非总工会下属工会都发挥了作用。

这场在纳塔尔爆发的战争由一长串谋杀、复仇凶杀、烧房和将妇女儿童逐出正式居住点组成,起初这些事件是受祖鲁某些观念的驱动,但之后随着冲突的持续和政府安全部队为削弱南非联合民主阵线而不断煽动,竟愈演愈烈。但从根源上看还是一场涉及政治版图的斗争,南非联合民主阵线潜在威胁了因塔卡在夸祖鲁的统治,不仅仅危及了领导者的政治地位,也动摇了他们资助体制的基础,因塔卡追随者的贫穷意味着他们会为这个体制的积存而战。

1987年末对城镇起义的镇压以及对南非联合民主阵线的禁令将南非普遍冲突的重心转向了两个方向。首先是工会运动领域,尽管1980年代大规模的失业在理论上应该是让管理层与工人相比有了更大的权势,但实际上却引发了工会运动的高潮,这就好像是有工作的人正利用工会运动来保卫他们的岗位。同时南非对劳动者的需求特点的转变意味着黑人工人将不再是可以任意替换的生产单位。特别是全国矿工工会成功组织起大多数的外来劳工,这一历史上最脆弱最难成立工会的工人群体。1987年,全国矿工工会在宣布拥护非国大领导并给予曼德拉终身名誉主席之职的同时,因为工资问题号召发起金矿大罢工。尽管罢工最终失败,大量的工人至少在短时间内失去了工作,但是工会和它在各个工厂罢工的追随者的团结一致充分显示了它所拥有的产业和政治力量。

第二个主要冲突焦点超出了共和国的边界,总体战略预测了苏联势力对南非的全面突袭,并要在源头上阻止对南非的武装入侵,人们相信只有这个办法才能确保南非的和平和政治发展。从南非军政要员的观点来看,这一战略的结果是灾难性的,南非政府能够破坏莫桑比克的稳定,并在1984年强迫萨莫拉·马谢尔(Samora Machel)领导的莫桑比克解放阵线政府签订丧权辱国的条约,但这并没有结束战争。政府也能够

193

强迫非国大放弃位于赞比亚的前沿基地,从而加强了非国大组织内部支持协商解决一方的势力。但相反,在安哥拉,它却因为对若纳斯·萨文比(Jonas Savimbi)领导的争取安哥拉彻底独立全国同盟(UNITA)的支持而陷入了更深的战争的泥沼中。1987年到1988年夏季,南非的一支部队在隆巴河(lomba river)之战中首次击败了安哥拉人,并在之后包围了安哥拉中南部的战略要镇奎托夸纳瓦莱(Cuito Cuanavale),为了解围,安哥拉请出了古巴军队,行动的基金来自美国海湾石油公司开发卡宾达油田的税收。这是南非第一次感受到了武器禁运的威力,它过时的幻影战机败给了俄制米格战机。白人营开始暴动,部队也被敌人迂回击败,被迫撤到了库内纳河,并抛弃了所有的重武器。眼看面临全军覆没的危险,但最终结果是古巴强迫南非政府同意了美国的解决方案,同意纳米比亚独立,而南非影响后续选举以产生一个可以接手政府的企图也归于失败。1990年南非在纳米比亚75年的统治正式结束,非国大的盟友——西南非洲人民组织(SWAPO)接管了政权。

　　南非联合民主阵线崛起的附加效果是非国大的影响和地位急剧上升,南非联合民主阵线的许多领导活动家自己就是非国大的秘密成员,而南非联合民主阵线也将《自由宪章》作为自己行动的基准。流亡非国大对国内政治发展的影响甚至超过了1960年,非国大的领导者,例如迈克·马哈拉杰(Mac Maharaj)作为顾问而非游击队员回到南非,而知名的白人知识分子和商人首次开始前往卢萨卡或是别的地方,和非国大的领导者交谈,并为他们的经历所惊讶,或者说是如释重负,这个主席是奥利弗·坦博,进餐前会祷告的组织不可能像南非政府所描绘的那般邪恶。政府公开谴责了此类会议。尽管它很明显有办法获取会谈的内容。同时,政府也开始小心、谨慎地和非国大展开谈判,尽管它们双方都否认了有此类接触,会谈的对象既有被放逐的人也有曼德拉,后者当时已经离开了罗本岛,起初被送到了开普敦城郊的波尔斯穆监狱,之后转到了靠近帕阿尔(Paarl)的酒乡的维克多·维尔斯特监狱。这一系列的接触活动是由司法部长、曼德拉名义上的狱长科比·库切(Kobie Coetsee)发起的。因此政府此时在玩一个双层博弈,可能只有博塔才知晓政府对抗非国大活动的全部细节,包括武装因塔卡和义务警员,还有谈判活动。

1989 年 1 月,博塔意外轻度中暑,一个月后当他还在医院时,他决定放弃国民党主席一职,但还担任南非总统,不管他作这一决定的政治计划是什么,他都失败了。

国民党在议会的核心会议上以微弱多数选举弗雷德里克·威廉·德克勒克(F.W.De Klerk)作为党主席。德克勒克是德兰士瓦的一个温和调解人,曾经是一个杰出的律师,他是前任总理汉斯·斯揣敦的侄子,也是一个前国家总统候选人的儿子。因此可以说他出身于南非白人统治集团的核心圈子,被视为国民党的右翼成员。

在 1989 年的剩下时间里,南非一直停滞不前,总统和国民党主席两职的分离意味着博塔和德克勒克都不可能行使真正的权力。而德克勒克开始解除军警界要员的权力,例如世仇马格努斯·马兰。而在 9 月举行了总统选举,国民党依然控制了议会,但是丢掉了极右翼的席位,而德克勒克则被选为总统,博塔被迫下台。 195

大选后,德克勒克释放了许多被关押的非国大领导者,例如沃尔特·西苏鲁和艾哈迈德·卡特拉达(Ahmed Kathrada)。戈文·姆贝基是瑞弗尼亚审判中最老的一位,他早在两年半前就被释放了,此时他也公开重申了自己非国大和共产党员的身份。之后党议会在 1990 年 2 月重新召开时,德克勒克宣布对非国大、南非共产党、泛非主义者大会以及所有其他被禁止的组织的禁令立即解除。九年后,纳尔逊·曼德拉走出了维克多·维尔斯特监狱并被带到了开普敦,他在市政厅的阳台上向群众发表了演讲。曼德拉是一个有着灰白胡子,个子较高,看上去很庄严的一个人,他之前从未见过电视摄像机;27 年监禁后的释放为媒体提供了一些最动人的画面,并标志着南非政府政策转变过程的真正开始,南非开始放弃之前的种族隔离政策。 196

为什么德克勒克和内阁采取了这些措施?毕竟对于统治群体来说在还能维持住权力时改变统治政策是很不寻常的,除非它受到了威胁,而非国大离推翻比勒陀利亚政府还有很长的路要走。白人政府要想在下一个十年或是之后的时间中稳住统治还有一个替代选择,即持续镇

图 7.6　弗雷德里克·威廉·德克勒克。

压,但是德克勒克和他身边的人并没有准备去选择这个方法。长时段的历史趋势很明显起了作用,南非白人民族主义的初始动力已经消失了,英帝国在南非白人眼里早已不再是一个魔鬼,即便南非白人的平均财富水平依然不及说英语的南非白人,但是他们之间的差距已经没有大到成为社会主要矛盾的地步。而南非经济的停滞不前甚至可以说是下滑却将白人社会的繁荣推到了危险的边缘,必须要找到根本彻底的解决方法,就只有政治改革一条路了。

　　而从短期来看,1980年代的局势动荡造成了一定的损失。城镇和保留地的起义都被镇压了,虽然毫无疑问起义会再次爆发;尽管撤离了纳米比亚,但来自北面或是非国大游击队的威胁也没有挑战到南非的核心利益。但是这两者都消耗了白人大量的钱财和性命,也激起了国际社会的不满,并加大了对南非的国际压力。这造成了军事、经济和道德影响，军火禁运的效果体现在了奎托夸纳瓦莱之战中。作为一种防卫的方式，政府总是会竭尽全力满足国际债权人的要求，但是他们正变得越来越不通融。贸易禁运挤压了本可以复兴经济的国外投资，对南非的道德讨伐开始触及要害，而原本支撑种族隔离理论的神学体系转而开始批判它，甚至南非白人领导层所信仰的改革宗也是如此，而德克勒克恰恰对改革宗有着狂热的信仰。

最后一点，随着1989年9月柏林墙的倒塌，共产主义在东欧的统治结束，南非白人改变了对他们对手和自身的看法。他们再也不能宣称自己是抵抗邪恶帝国及其帮凶们的基督教文明堡垒了，这种观念在他们与非国大交流时更明显地体现了出来，政府估计苏联取消对非国大经济援助将削弱非国大的实力。同时，这些事件也意味着美国慢慢地不再将非国大视为共产主义的前沿阵地，而不会再有地缘政治理由对南非现状加以支持。毫无疑问，德克勒克和他的支持者认为他们能控制南非的转变过程，并确保自己的利益，甚至可以维持他们的统治，当然事实证明这种想法大错特错。

图 7.7.1　B.W. 维拉卡泽(Vilakazi)。

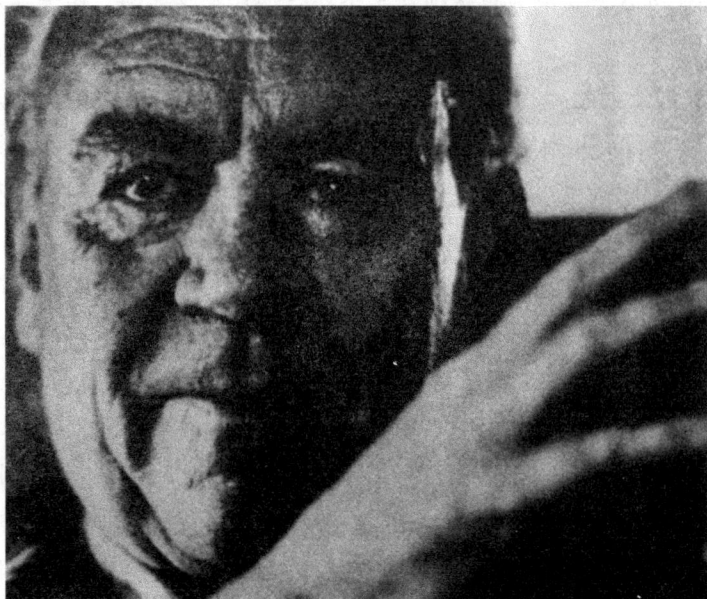

图 7.7.2 N.P. 范·维克·洛（van Wyk Louw）。

199

图 7.7.3 亚历克斯·拉·古玛（Alex La Guma）。

190

图 7.7.4 内丁·戈迪默(Nadine Gordimer)。

图 7.7.1—7.7.4 展示的是四位南非主要作家。B.W.维拉卡泽[①]是威特沃特斯兰德一所祖鲁大学的老师,并创造了一种新的祖鲁诗歌形式。N.P.范·维克[②]被一些人认为是最优秀的南非白人诗人,他将自己形容为自由的民族主义者,他对南非荷兰语情有独钟,痛恨那些将该语言视为一种压迫工具的人。亚历克斯·拉·古玛(Alex La Guma)是小说家,也是工会成员和共产主义者,他在政治流放期间写下了许多有关他的出生地开普敦镇的小说,大多是富有尖锐现实主义色彩的黑人故事。而小说家同时也是 1991 年诺贝尔奖获得者——内丁·戈迪默(Nadine Gordimer)所写的故事总是凭借敏锐的观察力展示南非白人生活的矛盾和压力,并同时从白人和黑人的角度出发,偶尔还会在形式上有所创新。

---

① 1906—1947 年,南非著名的祖鲁族诗人、学者。曾在南非大学和金山大学学习。1946 年成为南非首位博士学位黑人获得者。著有《祖鲁语英语词典》,诗集《祖鲁人之歌》《苍穹》,长诗《维多利亚大瀑布》,长篇小说《纵然久长》《金基斯瓦伊奥,约贝的儿子》和《诚然如此》等。1947 年 10 月患脑膜炎病逝。——译者注

② 1906—1970 年,南非荷兰语诗人、剧作家和学者。——译者注

200 　　南非在 1990 年 2 月到 1994 年 4 月之间的历史是混乱而血腥的,尽管血腥程度要低于人们的预期。这一时期并没有解决南非的真正问题,不光是政治和制度上的。人们想要弄清谁将统治整个国家,它又代表谁的利益,国家的管理和官僚机构又会变成什么样,这一切有着太多的不确定性。

　　不管怎样,德克勒克的讲话标志着旧秩序的瓦解,但它并没有产生替代品。其核心是 1991 年废除《人口登记法》,人们将不会再因为种族或人种身份而被剥夺权利。同时《种族地区法》和《土著土地法》(后者之后被重新命名为《黑人土地法》)也被废止,并出台了一部几乎包罗万象的《废除一切含种族歧视色彩的土地措施法案》,移除了将近 60 部相关法律。其结果是通过废除种族隔离的基石——土地隔离,彻底打破了其早已千疮百孔的壁垒。从绝望的居留地和白人农场搬到城镇的黑人导致非正式定居点和后院棚屋数量的急剧增长,并加剧了对本已不多的工作机会的争夺。

　　1990 年 2 月 2 日,德克勒克不仅宣布众多之前非法的组织合法,他还宣布创建新政治秩序的谈判将会公正、公开。要想理解接下来的数年所发生的复杂的进程,有三点十分重要。首先一个几乎绝对不言而喻的要求是宪法的延续,无论南非议会制定通过了什么样的宪法,过渡时期所产生的政府在任何方面都是合法继承人。这种对法制的强调产生了一个重要的政治结果,这一过程要在五年内完成即一届南非议会的年限,否则新选举就会令德克勒克政府难堪万分。国民党谈判在时间上的压力十分之大。

201 　　第二点,所有参与谈判进程的团体(除了民主党,它是原本旧白人议会的进步联邦党的继承者)都结合使用武力来讨价还价。每个政党都有自己的私人秘密武装(当然,此外还有政府的正规国防军和警察力量),而当觉得有必要或是有利可图时他们便会使用这些部队,因此唯一的问题是他们能否约束住这些军队。

　　第三点,决定南非谈判过程的除了国内斗争,有着相关利益的外国势力也参与其中。特别是它们可以施加影响来决定何时解除经济(和其他)制裁,从而开始复兴经济。实际上自从非国大赢得政治宣传后,它便能决定何时利用这一武器。

在对非国大组织禁令解除后,它又花费了数月的时间来找回流放中的成员并参与到一开始的正式会谈中。非国大和政府的情报部门达成了一项和解协议,内容是有关释放之前被秘密逮捕的雅各布·祖马①,他之后成了非国大情报机关的头头,后来又成为南非秘密警察的领导者并当选南非副总统。而政府所作的第一个重大妥协是允许乔·斯洛沃(Joe Slovo)作为非国大谈判代表团的一员。这一效果很好,因为这位肥胖而快乐的共产党员证明了自己并不是白人所害怕的魔鬼,相反他是一个头脑冷静的现实主义者。他曾两次在重要关头干预了谈判并大大加快了谈判进程,而能做到这一点的也只有拥有无可指责的革命经历的他。即便是曼德拉也因为他早期的激进活动而丧失了这种能力;斯洛沃是无可置疑的。

斯洛沃的第一次干预是在 1990 年 8 月,他建议非国大单方面宣布停止已进行了 30 年之久的武装斗争。从实际角度来看,这并不能意味着什么,"国家之矛"并没有被解散,而且它也没有能力挑战南非国防军。但它象征性地给予了国民党继续进行有关国家未来制度的谈判的空间。

这一宣告可能来得很及时,已经折磨纳特尔多年的暴力活动如今正穿过德拉肯斯堡向兰德地区的城镇蔓延,这种低烈度的内战在几天时间里已经杀死了数百名黑人。至少在非国大的对手这边,有三条相互连接的链条,首先是布特莱齐(Buthelezi)和因塔卡自由党,他们正忙于巩固其在夸祖鲁-纳塔尔地区封地的统治。在此过程中,他们至少受到了一些原先的军警要员在物质上的秘密支持,这些人是绝不会甘心地听从于非国大所能展现的权力。事实上,仅仅到了 1991 年马格努斯·马兰便因为对因塔卡的秘密财政支持,而最终失去了他在内阁中的位子。

第二点是一些掌握着秘密军事力量的政府官员,他们有着更加有

202

---

① 1942 年出生,1959 年加入非国大。2009 年 4 月当选南非总统,2018 年 2 月辞职。——译者注

力的政治议题。他们看上去正试图用他们唯一了解的方式来阻止谈判的进程，例如对黑人无端、随机的攻击，特别是那些在约翰内斯堡铁路网工作的通勤者。准确地说，德克勒克对这些有多少了解还不确定，他是否有权力来约束他的将军们则更是如此。但不管怎样，对德克勒克赦免了这类屠杀者的怀疑，即便是在被动的情况下，破坏了他和曼德拉之间原本的良好关系。

第三，相当一部分的祖鲁外来劳工从众多位于兰德的黑人城郊招待所出发，在穿过周边城镇时一路烧杀，这不完全是出于布特莱齐和他手下的命令。如果没有城乡内外的差距的进一步拉大，再加上社会经济的结果而造成的那些已经住进城市的人哪怕只是暂时的政治分歧，单靠祖鲁的民族理念是不可能出现这种情况的。

对于这些袭击来说，非国大并不是一个无辜受害者，即便它极力尝试将自己塑造成这种形象，并取得了相当的效果。出于单纯的好战性和对曼德拉一开始的误解，纳塔尔非国大不确定他是否会出卖他们的利益，因此它在广泛的支持下拒绝让曼德拉在被释放不久后与布特莱齐接触。因此纳塔尔非国大自己拒绝了一个或许可以缩短战争并拯救数以百计人生命的机会，而且在这场发生在夸祖鲁-纳塔尔和兰德的战斗中，当他们的支持者有机会时，也和他们的对手一样凶残。1992年9月，非国大也开始尝试通过在其首府比绍发起大规模游行的方式，加快西斯凯重新加入共和国的进程，它希望借此罢免西斯凯的独裁者瓦帕·格佐佐(Oupa Gqozo)，他在12年前一场由南非主导的政变中上台。这场游行被西斯凯的军队镇压了，在付出了29人死亡的代价后，示威人群被子弹驱散了，只是因为极好的运气才没有任何知名非国大领导者因此伤亡，特别是西里尔·拉马福萨(Cyril Ramaphosa)[①]，他也参与了游行。

到了这个时期，只有极少数班图斯坦领导者不愿放弃自己在旧制度下的特权地位并与非国大达成和平协议，而格佐佐、布特莱齐和博普

203

---

① 1952年出生于约翰内斯堡，2018年2月当选南非总统。——译者注

塔茨瓦纳的卢卡斯·曼戈佩就在其中,而至于其他人,1990 年发生在文达的一场政变使其他的德兰士瓦地区的班图斯坦领导人,特别是莱博瓦的领导者,通过投向非国大这一边,反而巩固了自己的地位,这也令他们之前的对手大为吃惊。而最明显的例子是班图·霍洛米萨(Bantu Holomisa)将军,他借着特兰斯凯政坛的混乱和腐败,成功崛起并统治了莱博瓦,之后又迅速接受南非政坛的大转变,并将自己绑在非国大的战车上,他甚至准备公开挑战南非政府,向克里斯·哈尼这位著名的"民族之矛"指挥官和共产党领导者提供庇护,尤其是共产党当时仍被共和国政府查禁。

在局部战争的背景下,正式的谈判仍在继续,南非民主大会(CODESA)在 1991 年 9 月第一次召开,但在之后的几个月中几乎没有进展。故作姿态和有关过程及参与者的争吵严重妨碍了大会的进行,1992年 5 月,第二次民主南非大会也失败了。紧接着的就是一场最惨烈的大屠杀,地点位于约翰内斯堡南边一座大型非正式定居点博帕通(Boipatong)。德克勒克巡视了该地,以期增加自己的支持度,但是他的到访伴随着大批的警察,这反而激怒了黑人居民。待在卡斯皮(Cassipir)武装车辆里的警察开火并杀死了大量的居民。曼德拉指责德克勒克需要为此负责,而看上去似乎没有办法能解决南非的政治和社会分歧。

事实上南非民主大会的失败、博帕通和不久之后的比绍大屠杀使国民党和非国大意识到无论如何都要找到一个协商谈判的方法。除此之外,这一谈判只能在领导者之间秘密地进行,瞒着各自的支持者,之后再将既成事实对外公布。这一工作由两个年轻政治家经历超过 40场秘密会议最终完成,分别是非国大的西里尔·拉马弗萨和政府一方的勒尔夫·迈耶(Roelf Meyer)。人们通常认为谈判在某种程度上就是一场竞争,而在这次谈判中,拉马弗萨全面胜出,他在全国矿工工会的长期经历使他具备了国民党成员难以匹敌的才干,这是因为国民党的统治已经超过半个世纪未受到任何挑战。

在这场复杂的系列谈判中,有三个中心议题。第一个是接管三院制议会的政治机构的特征和权力,后者在法律上依然是国家的立法机

204

关。这一政治机构仅是用来起草和批准新宪法还是有立法功能？与此相关联的是有关过渡政府形式的争论，即各个政党所占有的位次数量和它管理的范围。粗略地来说，国民党希望尽可能地拖延时间，以维持自己在政府中的权力，并限制议会修改宪法的能力，相反非国大则希望选举产生的代表（它有理由相信自己会在其中占到大多数）拥有尽可能大的权力。但是一旦国民党同意选举产生制宪议会，它便在事实上承认了议会的统治权力。之后达成的一份协议规定选举产生的全国团结政府中，所有拥有超过 5％选票的政党都会有部长职位，而新宪法则需要得到超过三分之二代表的支持方能通过。制宪议会拥有完整的立法权，并有一定的安全保障。

第二个是旧政府职员的安排，范围包括南非和班图斯坦的行政部门、警察和国防军。这些人是国民党选票的一个重要来源，受雇南非白人中有 40％是为政府工作，如果没有好的安置方案，他们还是有办法去破坏和阻碍政府运作的。这次又是乔·斯洛沃找到了解决方法并让所有人都接受了这一方案，他公开承认了南非白人政府并没有被击败这一令人不快的事实，而与政府雇员达成和解协议是很有必要的。因此他提议在政府过渡的十年中，原政府雇员都可以保住工作。在一番激烈的辩论后，非国大的执行委员准备好接受这一提议，但国民党则几乎立刻就接受了它——这形成了鲜明的对比，因为这一方案是来自国家最知名的共产党员。

第三个是怎样划分南非，地方政府的权力又有多少？在本质上，非国大在和华约集团交流中形成的传统使它希望能将权力集中到中央，而因卡塔自由党和国民党则反对这种旧的中央集权式的庞然大物，他们设想的南非是由地方政府掌管广泛的政策，他们知道自己不可能主导中央，便寄希望于用这种方式来控制社会的方方面面，或至少是国家的一部分。最终非国大接受了这种会有其他政党参与运作的地方政府分权模式，而不是中央集权式的政府，但不能威胁到国家主权。同时人们意识到旧的四个省份中有两个太过于庞大，不利于管理，因此南非被重新分成了九个省份。

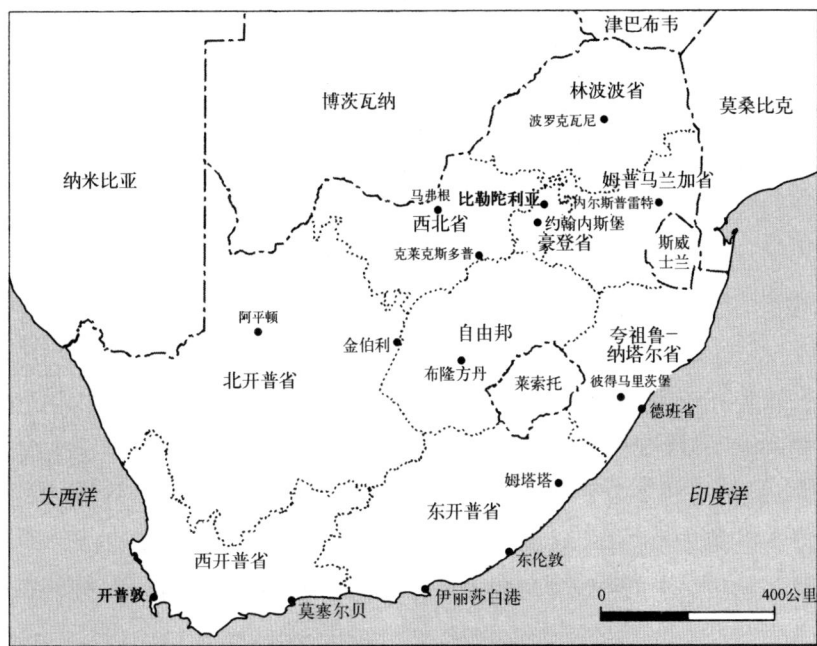

地图5　新的行政区划。

　　这些谈判的结果是1993年9月共同起草的临时宪法，并在一个月后被三院制议会通过。重要的是，这意味着通过宪法的延续完成了种族隔离向民主制度的转变，而这也是曼德拉和德克勒克这两位观念保守的律师所一直坚持的。国家的法律可能被更改了；但法律至高无上的地位依然维持了下来。南非历史上第一次全民代表选举的举行日期被确定了下来：1994年4月26日到29日，南非人民将步入投票站选出新的制宪和立法议会，进而选出新总统。

　　达成这个解决方案的过程充满了艰辛，德克勒克和国民党最终同意是因为他们相信自己同军队、行政部门和商业团体的关系，而国家的运作离不开和这些部门的合作，因此，事实上他们依然掌握着否决权。但无论如何，一个事实已经变得越发清晰，非国大在曼德拉的领导下已经有能力控制国家的大部分地区。而当1993年4月10日克里斯·哈尼在他的寓所前被暗杀时，这个事实更加明显了。他的寓所位于博克斯堡曾经的白人城郊,他搬到那里是为了享受之前长期被排斥在外的生活形式(很明显也是为了确保他的孩子能接受包含了拉丁语的教育,他自己也曾学习过)。幸运的是,警方很快就根据其南非白人邻居所提供的信息逮捕了暗杀者。曼德拉呼吁人们保持冷静并取得了成功,克里斯·哈尼以国礼下葬,天主教主教也参加了葬礼,他宣称尽管克里斯·哈尼担任了共产党秘书长一职,但他从未抛弃他最初的信仰。

确保全国(边界以 1910 年划定为准)选举以及过渡过程和平进行则要更难,有三个主要障碍要逾越:布特莱齐和他的因卡塔自由党,曼戈佩和依然在名义上独立的博普塔茨瓦纳,以及白人的权利,包括了军队领导层和保守党中毁誉参半的南非白人民族主义者和尤金·特雷布兰奇(Eugene Terre' blanche)领导的南非白人抵抗运动(Afrikanerweerstandsbeweging,简称 AWB)中粗鲁的种族主义者。

图 7.8 烤肉野餐会。

在 1994 年民主过渡之前,南非成熟的烹饪技术大多受亚洲影响,不论是来自西开普的奴隶及其后裔,还是纳塔尔的印度人。而别处则强调食物烹饪的环境,需要在户外露天的环境中。南非的烤肉野餐会上通常有着被称作布尔香肠的一种调味香肠,明火烤肉和大量的啤酒、红酒,这成为城郊白人社会主要特征之一,也是那些因为种族原因求之而不得的人十分向往的。

在 1994 年 4 月之前疯狂的数月中,在各个群体间展开的和解措施是相互矛盾的。非国大和前南非国防军司令菲尔耶恩(Constand Viljoen)展开关于建立伏尔克斯塔特的谈判,即成立南非白人居住区以保留其文化和语言,这一做法的困难之处在于找到一个南非白人实际居住占绝大多数的地区,几乎很难找到符合条件的地区,拉马福萨甚至嘲讽罗本岛是唯一的选择。同样,这其中所展现的善意似乎在谈判中向白人提供了太多的权利。这与非国大对布特莱齐的强硬立场形成了鲜明的对比,这是因为他很可能会成为新省份之一的夸祖鲁-纳塔尔省(基本上是旧省份的延续)的省长,非国大试图缩减地方政府的权力以避免其和中央对抗。

这场谈判的结果是菲尔耶恩决定和 4 000 名战士一起搬到博普塔茨瓦纳居住,名义上这是为了保留作为盟友的独立身份,事实上是给了他建立一个新基地的机会,他可以把他的部队的装备都搬进那里,并借此挑战新政府。但是他的纪律良好的部队中却非其所愿地加入了一些南非白人抵抗运动的乌合之众,他们向黑人开枪以此取乐的行径引发了博普塔茨瓦纳当地部队的暴动。三名处于护卫车队中末尾的南非白人抵抗运动成员因为车辆发生故障而被抓住,随后被博普塔茨瓦纳军的上校处以死刑,过程被电视摄像机全程拍摄了下来。这标志着双方军事力量的平衡,并打碎了菲尔耶恩的幻想。之后不久他就同意参与选举活动,并亲自领导了一个政党,名字叫自由阵线,以此来达到他的政治目的。

布特莱齐一直坚持到了最后一刻,但最终在巨大的国际压力下,他也同意参加选举。很难说这一举动受外界虚张声势的影响有多大,他最终作出这一决定毫无疑问是为了防止他在夸祖鲁的政治基础被新南非的军队击垮。尽管选票早已印好,但政府还是在匆忙中印制了上百万的贴纸贴到选票上,从而让南非选民可以投票给因塔卡自由党。

1994 年 4 月 26 日到 29 日之间,新南非的奠基性选举正式进行,总计有至少 19 726 610 张选票被投出并计算在内,在选举日中没有出现暴力事件。

对于大多数投票者来说,投票是一个彰显解放身份、令人舒畅、带有一定宗教意义的经历。虽然投票站前排起了长队,但是人们依然十分安静地站在太阳底下。一旦他们步入投票亭中,开始投票,先是在纸上画一个十字,再通过小孔把它扔进锁着的箱子中,通过这种单个、私人、仪式般的投票过程,他们欢庆了新秩序的诞生,或至少部分地排解了自身的罪恶感。

在国家的许多地方,投票的组织活动进行得混乱无序,不少当地政府的组织架构没有足够的说服力或公正度来组织一场令人信服的选举。当地的商人和其他人组成了特别选举委员会,多数情况下他们做得很好,但是一些细枝末节做得不尽如人意,可能他们还需要时间去准备并接受训练。警察和国防军解决了大量的后勤问题,仿若借此为自己阻止南非民主建设的历史赎罪。空军从欧洲空运来了 600 吨选票,而在选举期间也执行了 175 件特殊任务,以促进它曾经阻止的选举活动得以进行。

在许多地区,特别是西开普,每一件事都进行得很平稳,而在别的地方,当地政府则尽其所能地确保选举结果如其所愿。出现了多起选举箱堵塞或是消失的指控,法院也是混乱不堪、充满争议的。最后在夸祖鲁-纳塔尔和别的地区,选举结果由谈判决定,相关选举法规中也被塞入了一条条款,它被广泛解读为如果有争议的政党间达成了统一结果,那么选举委员会便可以将其宣布为最终选举结果。

这些选举中的瑕疵都可以被看作是民主的练习,选举合理准确地

图 7.9 1994 年 4 月 27 日,开普敦古古勒苏地区排队投票的人群。

体现了所有南非人的意见,尽管有些方面做过了头。非国大赢得了 62.65％的选票——一个明显多数但不足以独立起草宪法的数量,并控制了九个省份中的七个。在纳塔尔之外的地区它获得了所有阶级、民族背景的黑人的广泛支持,它的索托支持者和科萨人支持者几乎一样多,而在中产阶级中的支持率和底层阶级中的也基本持平。只有在南部德兰士瓦的核心工业地区,如今被重新命名为豪登省(茨瓦纳语中"盛产黄金之地"之意),那里的数据显示有些黑人因为阶级原因没有支持非国大。但即便是在那里(当然也包括其他地区),通常来说黑人富人都投给了非国大,可能是出于黑人的团结或感激之心,也有可能是因为他们觉得非国大政府能为他们带来更多的财富,贫穷的黑人也是这么认为的。

尽管只获得了夸祖鲁-纳塔尔省不到半数的正式选票,因卡塔还是赢得了该省的行政权,并获得了全国总票数的 10.54％,它选票中的八分之七来自夸祖鲁-纳塔尔省,而布特莱齐也将出任该地的省长。

图 7.10　总统纳尔逊·曼德拉和副总统塔博·姆贝基的就职典礼。

　　1918 年,纳尔逊·罗利赫拉赫拉·曼德拉出生于特兰斯凯腾步酋长家族的一个旁支,他在腾步王朝的课堂和东开普卫理公会设在希尔德敦(Healdtown)的学校中学习,这些经历对他之后的人生产生了重要影响。从希尔德敦开始,他一直为进入福特哈尔大学学习而努力,但在进入大学后却因为参与抗议活动而被逐出校园。他本可以恢复学籍,但他却搬到了约翰内斯堡以躲避腾步王给他安排的婚姻,并在威特沃特斯兰德继续他的学业,同时和坦博一起开了一家律师所,并很快作为创始成员成为非国大的主要领导者之一,之后成为青年团的书记。起初他并不是非国大的政治核心成员,但在 20 世纪 50 年代,他的个人地位和贵族血统慢慢地将他推到了高位:他成为抵制恶法运动的"首席志愿者"以及非国大的武装组织——国家之矛的领导者,而这也使他很快被逮捕,审判后被囚禁在罗本岛上。在那里他被公认为监禁中的非国大的领导者,而在外界,他获得了几近神话的地位和名声,他被认为是最终推翻白人政府的神选之人。最终当他在 1990 年被释放时,他成为希望的象征和非国大的领导者,之后在 1994 年,他成为新南非的首任总统。很快他将大多数的政府日常运作工作扔给了他之后的继任者——姆贝基来做,专注于那些特别适合他的公共事务。曼德拉的私人生活比较曲折,他有过三段婚姻:他的第二任妻子温妮在他们婚姻最后的一段日子中,成为他沉重的政治负担。他有着极强的个人魅力,这带给他许多政治便利,特别是在 1994 年新南非成立前的谈判和解过程中。

212

1942 年,塔博·姆贝基也出生于特兰斯凯,他是一个共产主义活动家和非国大领导者的儿子,他的父亲戈万是曼德拉在罗本岛监狱中的同伴和竞争对手。塔博·姆贝基在勒弗戴尔(Lovedale)学习,但被开除,之后他逃离了南非,并在英国的苏塞克斯(sussex)大学拿到了经济硕士学位。他也加入了南非共产党,但他从未固守这一信仰,并在 1990 年后放弃了党员身份,之后他获得了奥利弗·坦博的庇护,当时奥利弗是流亡非国大的领导者,塔博在组织内上升得很快。他成为这一流亡组织的外交领导人,并在 1990 年前的秘密谈判中出力良多。1990 年后他击败了他的主要对手西里尔·拉马福萨,成为非国大和国家的副总统,并在 1999 年曼德拉退休后接任了他的总统之职。对于一个政治领导人来说,姆贝基的性格是令人惊讶的内向型,因此他被认为无法一直跟上非国大和国家政策转变的节奏。

国民党获得了全国选票的 20.4%,刚刚超过其预期底线,并且足以让德克勒克成为国家副总统之一。但是国民党确实尝试在西开普省赢得明显多数,除了白人支持者,这一区域三分之二的有色人种将选票投给了它,别的地方也大致如此。但相对来说,非国大可以利用和COSATU 的联系,来赢得更多受教育程度高因而政治化程度较高的有色人种的支持,但是却失去了更多住在乡村的有色人种的选票。而以下这些都在其中发挥了作用:对非国大不信神和暴力的恐惧;对其省长候选人的不信任;公然通奸的牧师阿兰·博萨克(Allan Boesak);曾在《有色人种劳工优先选择法》中享有一定特权的群体对工作的忧

虑;以及顺从的习惯。在某种意义上来说,这种国家模式的畸变是无关
痛痒的。1994年5月10日,德克勒克和姆贝基宣誓成为国家的副总
统,之后纳尔逊·曼德拉在众多欢呼的群众面前宣誓就职,成为新南非
的首任总统,而过往的伤痕在此刻暂时消失了。六架南非空军喷气机
在空中拉彩烟向曼德拉致敬,颜色则是新南非国旗的颜色。

在飞机飞过前,纳尔逊·曼德拉用这样一句话结束了他的就职典
礼:"让自由主宰一切,愿上帝保佑非洲。"我不相信他注意到了其中的
双关语,尽管如此,这句话在文化上十分恰当。

第八章 结语：自由的苦涩

南非国民身处这段快乐之中的时间相当短暂,即便这种感觉和南
非在 1994 年所经历的一样刻骨铭心。从一定程度上讲,南非经济和社
会的结构性问题曾被表面的政治冲突掩盖了,而政府的改变将它们彻
底推到了台前。

全国团结政府在 1994 年组建时,根据选举之前达成的协议规定,
其部长包括了因卡塔、国民党以及非国大的成员。德克勒克原本希望
自己和国民党能成为非国大和商界、军队甚至是行政部门之间联系时
必须经过的水闸,但是这些群体审时度势,认为如今国民党没有任何作
用,已经不需要它了。两年后,国民党退出了政府并宣称此举可以使它
更好地扮演民主制度中的反对党一职,但事实是内部斗争已使其分崩
离析,它的领导层也没能适应国民党不掌权的政治世界。最终国民党
解散并宣布成员并入到非国大和一些小党派中,而这是 1980 年代那些
政治家万万没想到的。

在这一背景下,从政治过渡中获利的任务就完全掌握在非国大之
手了,这一任务并不简单。在曼德拉个人的积极运作下,每天向儿童提
供两片面包和花生酱的制度在一些地区开始运作,这让儿童能在学习
的同时无饥饿之忧。但是也导致了腐败,除此之外,新制度中中饱私囊
的机会和现象还有许多。旨在纠正种族隔离所导致的社会经济不良影

响的"重建与发展规划",因为缺乏资金而作用甚微。政府的短期资金投入不足而导致长期债务问题的这类例子在非洲(事实上是世界)各地还有许多。最终在1994年之后,在财政部长特雷弗·曼纽尔(Trevor Manuel)的监管控制之下,政府开支被小心翼翼地控制在收支平衡的范围之内,而这毫无疑问从长远来看对经济发展是有利的。

种族隔离的后遗症是残酷的,之前在其高压统治之下掩盖的问题如今开始集中爆发。所有的公共学校都向黑人开放,当然这带来了教育资源的不足和城镇乃至城郊的过度拥挤。新形式的犯罪特别是劫车越发猖獗,其他犯罪较之以往也是更加普遍。被报道的谋杀案件在1989年到1994年之间最顶峰时增加了一倍,这一数据虽然夸大了暴力活动的增加,但是现在所有的南非人和外国游客都面临着以往大部分黑人长期面对的暴力问题。约翰内斯堡和开普敦依然是世界上两个犯罪最猖獗和最不安全的地方,但是这一事实是如此的明显以至于人们不能再像之前对此视而不见了。私人保安公司的生意在主要城市的城郊和农村的义务警员组织中,特别是林波波省的马博戈阿马塔马加安保公司(Mapogo a Matamaga)很受欢迎,白人和黑人都雇佣私人保安公司的义务警员通过一定的暴力手段来保护自己的财产,并维持长一辈对"年轻人"的控制。而因为南非文化中对年轻人男子汉气概的要求而现实社会中年轻人却遭到压制,鲜有机会表达,以至于强奸变得如此普遍、南非女性平均一生会受到两次侵犯。其结果部分造成了感染艾滋病的南非人数量增长得异常迅猛。

同样,南非各种问题的愈合过程长期而缓慢的迹象也开始显现。人们采纳了一个相当宽宏大量的制度,有着极强个人魅力、正直、诚实的曼德拉重视黑人政府和白人和解的必要,特别是要确保散布在全国的白人技艺所带来的利益,在这方面他受惠于国家体育成就。

英式橄榄球世界杯和非洲足球国家杯的夺魁发挥了标志性的重要作用,而曼德拉也公开宣称是这两项运动的狂热球迷。人们私下认为要想和之前的镇压者和解就必须对受害者加以补偿,但是曼德拉的声望似乎便能做到这一点。而相反,由图图大主教领导的真相和解委员会,作为国家的忏悔者,却是在无形之中真正地让许多人满意。它的形式是让人们倾诉全部的故事,并在承认对人权的侵犯(或者说是谋杀和袭击)后得到宽恕,最后期限本来定在 1997 年 5 月,但是后来又往后拖延了很长时间。对于受害者和他们的亲属来说,他们的证词被大众聆听是很重要的,因为借此他们至少能看到一部分之前的统治者对他们过往行径的忏悔。

另一重要的法律赔偿是在土地权方面,1994 年新议会所颁布的首批法案中就规定对那些因为 1913 年《土地法》和之后一系列南非种族法案而失去土地的人提供补偿。土地赔偿委员会总共接到了 8 万起土地索赔,相当于每 500 个南非人中就有一个提出索赔,而平均每项索赔至少牵扯了另外 30 人。最终结果是一些种族隔离时期和之前的损失获得了赔偿,尽管并不全都是以土地的形式补偿。例如在东伦敦,高利润同时也是城市主要岗位提供者的克莱斯勒-奔驰汽车公司的工厂所在地原先居住着西岸居民,他们被逐出了这片土地,因而现在需要土地之外的其他赔偿形式来加以补偿。到了 2004 年 4 月,大约有 90% 的索赔得到了处理,在农村地区特别是在前班图斯坦,土地赔偿牵扯到了土地的重新分配和土地使用权规则的改变,而这将使农民能够集资对抗农场主,这将会是一个相当漫长和复杂的过程。

1999 年,纳尔逊·曼德拉在正常任期结束后辞去了总统职位,之后的选举进行得要比上一届更加顺利,而结果是非国大大获全胜,它获得了将近三分之二的选票。塔博·姆贝基成为总统,事实上他在之前两年就已经开始有条不紊地治理国家。五年后,他成功赢得了第二任期,选票的领先优势甚至有所扩大。作为瑞文尼亚审判员的戈万的儿子,他曾在流放中度过了许多岁月,并崛起成为非国大外交事务的最高领导者。而在某种意义上说,他仅仅是地位向上流动并进入统治阶级的黑人专业人员中最杰出的一位,这些人在斗争中不断成长,不仅仅像人们所预想的那样接管了政府和行政管理部门中的重要位子,也在商界获得了一席之地。

新政府的制度、机构要求所有原政府部门进行重组,这一任务也并不轻松,因为在过渡谈判中规定所有政府公务员有权至少在五年内保持原来工作。除此之外,南非之前有着一系列完备、明确的地区管辖体制,但当新南非九省制毫不费力地组建后,其中的两个因为资金问题使用了旧班图斯坦的办公大楼,这使他们很难组建覆盖全面的地方政府来为居民提供必需的服务(基础设施、健康、教育等)。此外,富裕的旧白人郊区被并入旧黑人城镇和刚刚获得合法地位的非正式定居点中,由一个单一政府机构管理的做法也引发了白人普遍的不安,富人给穷人的交叉补贴很自然地引发了人民的厌恶。但是这一时期地方行政部门的工作开始日益高效,个别地区开始提供以往没有的水、电力以及住宅,电力的供应能够减少烹饪的成本以及火灾的风险。资助建设混凝土住宅取代用波形铁和木头建成的非正式定居点的工程也在稳步实施。

可能从当地政府的层面来看,发财致富的机会更多了。不少人利用其控制外地人进入城市通道之职的便利牟利,控制当地人获取外地货物和服务的渠道。这类仰仗暴力统治的地方性管理者通常是在种族隔离时期便已上台,并在政治过渡后维持了原来的地位。而政府对此的部分反应是在国家许多地区让旧的酋长精英维持,或者不如说是重掌大权。事实上政府中有不少人,特别是曼德拉将酋长制度视作南非的身份认同,并积极鼓励其发展,非国大同样也将酋长们视为在选举时能够拉票或是扣住选票的重要代理人。但是南非许多地区的酋长,他们合法地位的一定程度恢复是基于人们认可他们能用可能不甚公平但被认可的方式,来分配来自外界和当地一直保有(例如土地)的资源的能力。迄今为止,在夸祖鲁-纳特尔、林波波省的众多地区,甚至是特兰斯凯的部分地区,传统的领导者依然至少获得或维持着和民选官员同等层次的影响力。

中央政府的重组也提供了大量发家致富的机会,通常来说丑闻的档次都相对较低,这部分可能是因为那些被诱惑离开政府的人,在通过私营企业积累了相当的资金后,利用官商联系发展了被称为"黑人赋权"公司,在斗争期间为了生存和发展而积累的经验被证明在南非商界也很有价值。不过也有更大的丑闻事件，特别是在武器合同领域，该领域的利润也是最高的，而这一领域的政府和商业活动从1994之前流传下来的延续度也要强于其他领域。这些丑闻中最重要的牵扯到了当时的副总统雅各布·祖马，他被卷入了杰出的政党——例如非国大不可避免的内部政治斗争中。祖马的辩驳起初获得了相当的支持，他声称他是旧有法律机构种族主义的受害者，而后者认定祖马的财政顾问受贿并指控祖马玩忽职守。不过最终祖马被宣判无罪，对他强奸和受贿的指控都失败了，而这一结果对南非政治未来的影响仍有待观察。祖马能当上副总统是因为他被认为是姆贝基的拥护者而且没有政治威胁，但如今他成了那些认为1994年之后的过渡过程进展不够迅速或是往错误方向发展的人的象征。

219

将政治中的性交易和金元政治交织在一起是比较恰当的，很少有地区像1994年之后的南非那样性欲（总是作为一个政治议题）成为政治争论的中心，也很少地区的政治性交易如此之重要。种族隔离清教徒般的禁忌的终结使得整个国家的性话题开始变得活跃，年轻男性难以达到成年男子气概的要求，从而成为一家之主，这使得他们中的许多人对女性施加各种暴力活动，例如强奸。这种体现了男性在身体力量上对女性压制的方式，往往被用来弥补社会所需力量的缺失，也是一种不被人接受的男子气概的象征，但是此时最重要的议题却是已横扫南非的艾滋病毒（HIV）。

与之相关的数据正被破坏，2003年人们估计南非15岁到55岁的人群中有21.5%感染了HIV，每天有超过1 000人死于此病，南非人的平均寿命也随之减少了14年，从1993年的62岁左右变成了新千年初的48岁；2000年的南非，有26.4%的男性死因是艾滋病，而排名第二的是9%死于他杀，而有29.8%的女性死因是艾滋病。数千年来，作为流行病的艾滋病在规模上一直难以估测，而照目前的预测来看，到2010年它将杀死超过600万的南非人，其中的大部分是青年人，而因此成为孤儿的也将数以百万计。

这一流行病之所以会如此迅猛地传遍整个南部非洲，主要是因为它有很长的无症状潜伏期,在人们普遍意识到要与之战斗之前,艾滋病毒已经潜伏在许多人的体内。而因为这种疾病的传播方式,且它起初是与同性恋联系在一起,许多人耻于承认自己得了艾滋病,许多被怀疑有成员死于艾滋病的家庭都否认这一事实。但死亡数量的增加使人们难以再隐瞒事实,特别是随着南非的显要包括布特莱齐和曼德拉公开宣布有亲人死于此病。但是治愈的方法依然没有找到,而这导致多起欺诈、搜刮那些因病而绝望的人和轻信者的案例出现,并且其中关于巫术的争论又再次扮演了一个重要角色,并成为众多南非人日常生活中的一部分。

另外存在的部分问题是中央政府没有动用全部的力量参与对抗疾病的战斗,却反而长时间否认艾滋病毒和艾滋病之间明显存在的联系。当然政府持续数年为抗逆转录病毒疗法提供研究资金,而政府的这种犹豫不决应该要归因到总统姆贝基的个人一时的心血来潮上,并为此付出了数以千计的性命。其原因与这个曾被流放的南非总统的个人直觉有关,他不愿意相信南非人的性行为和疾病有关的证据,认为这是种族主义者的谎言,反而完全相信资本家的制药企业不止是在利用艾滋病发财,甚至在某种程度上制造了艾滋病。基于姆贝基对政府各部门的强力控制,他的这些观点被证明确实十分致命。尽管之后他作了一些妥协和让步,但是幅度之小、速度之慢严重影响了政府和制药企业达成协议,以可以承受的价格购买、使用恰当的药物治疗艾滋病。

尽管姆贝基的评论、意见多有偏颇,但有一点他是完全正确的,他强调艾滋病是穷人病。尽管艾滋病在爆发的第一阶段是一种专业疾病,但是随着抗逆转录病毒疗法的引入,它很快就成了一种穷人病,因此它也是南非社会高度阶层化性质的另类指示器。1994年之后,南非的种族不平等程度下降了,但是社会的贫富差距仍然和以往一样,而众所周知的是南非收入不平等的衡量标准要高于世界上其他任何国家,除了巴西。尽管政府在教育、老年人和残障人士上的开支在某种程度上弥补了财富分配的不公,但是大量没有工作或是缺乏技能的人依然身处赤贫中。非国大并没有尝试去降低国家的贫困水平,它改变的是种族之间的财富分配，在 1990 年之前，黑人和白人的差异是国家最主要的不平等现象，各种族群体之间持续拉大的差距决定了这一现象的程度。换句话说，非国大所能做的是增加了南非人口中相对较小一部分人的财富，这些人可以被宽泛地称为新黑人中产阶级。

种族隔离制度的结束给受过教育的黑人专业人才带来的好处要超过其他人群，当然这是可以预见到的。同样令人毫不吃惊的是生长于相对贫穷环境的人，只要有一点机会就会尽其所能地追求旧制度下享有特权之人的生活标准。其结果是新兴的黑人资产阶级的消费成了南非经济发展的重要动力。此外其他的来源，例如旅游业、西开普的农业部门（特别是葡萄酒业）以及汽车工业也是日益兴旺，通常来说此时的经济发展虽然缓慢但稳步增长。政府明显希望富人所创造的财富能最终向下层流动，缓和底层南非人民的贫穷现状。这一过程可能要持续超过一代人，同时要仰仗全国发展和高效的教育系统。而目前的迹象表明这一过程实现的可能性微乎其微，非国大的统治面临着许多潜在的压力，例如它和工会、共产党还有尤其是南非总工会的关系。目前为止黑人中穷人和富人的政治分别还没有真正形成，这是否会在未来发生取决于人们是否继续相信政府关于继续致力于减轻贫困的（毫无疑问十分真诚）声明。

在国际上，南非继续尝试执行维持它在南部非洲强硬的政策。在某种程度上，尽管细节有所不同，但这一政策和其前任没有什么本质上的不同。新南非政府在莱索托支持民选政府对抗一场潜在的政变，以至于激起了大量（尽管只是暂时的）反对干涉的起义和反抗活动。此外它强迫斯威士兰民族化，同时它尽可能地保护南非矿业公司和商业利益在国境以外的非洲大陆上的安全。南非的制造商已经大多向北发展，挤进津巴布韦和肯尼亚基础工业的发展中。约翰内斯堡和开普敦的大型连锁零售业在卢萨卡建造了大批的超市，同时南非政府不时利用自己较高的声望尝试解决非洲其他地区因为适宜的定居点而起的冲突，但通常最好的结果也就是部分成功。这些都是从南非开始向北复兴非洲计划的一部分，这一计划是非洲大陆民族主义的理想和无情的

221

222

经济考量共同作用的结果。

南非仍然需要处理它的历史问题。几乎每个人都相信在 1994 年 5 月整个世界都开始焕然一新,犹如农卡乌瑟(Nongqawuse)的预言在 150 年后终于实现了,尽管时间有点晚。种族隔离制度中的分隔和变形;一些白人一如既往地信奉种族主义(当然也存在于极少数黑人当中);男性的性别歧视(包括黑人和白人)都很明显历经政治变动残存了下来。记忆不可能被清除,而心灵也早已结成了伤疤,而伤疤总是会导致物质享受主义的泛滥(但相对很少会造成腐败泛滥),而这是 1994 年那令人兴奋的一天所预想不到的。

南非永远不会是一个"平庸"的国家,因为它太过于有趣,太过于富有,这是对人民而非财富而言,但是如今它开始表现得像一个正常国家。地方和省级政府机构刚刚重组完毕并开始运作,夸祖鲁-纳塔尔的内战已经结束,经济再次增长,速率超过了人口增长率。将过去种族隔离的不良影响完全去除还需要很长的时间,但即便不考虑这一点,新秩序所带来的好处也很难到达那些需要它的人的手中,而这引发了人们极大的挫败感。同样,尽管过去雨水可能被污染,但它毕竟落了下来,这对于大多数南非人而言正是问题的所在。

223

延伸阅读建议

General

De Kiewiet, Cornelis W., *A History of South Africa*, *Social and Economic*, London, Oxford University Press, 1941 (old, often mistaken, and unsurpassed).

Wilson, Monica and Leonard Thompson (eds.), *The Oxford History of South Africa*, 2 vols, Oxford, Clarendon Press, 1968 – 1971.

Davenport, T.R.H., *South Africa: A Modern History*, London, Macmillan, 1977 (and subsequent editions).

Thompson, Leonard, *A History of South Africa*, New Haven and London, Yale University Press, 1994.

Beinart, William, *Twentieth-Century South Africa*, Oxford, Oxford University Press, 1994.

Worden, Nigel, *The Making of Modern South Africa: Conquest*, *Segregation and Apartheid*, Oxford, Blackwell, 1994.

Frederickson, George M., *White Supremacy: A Comparative Study in American and South African History*, New York and Oxford, Oxford University Press, 1981.

Thematic, with a longer time span

Beinart, William and Peter Coates, *Environment and History: The Taming of Nature in the USA and South Africa*, London and New York, Routledge, 1995.

Bredekamp, Henry and Robert Ross (eds.), *Missions and Christianity in South African History*, Johannesburg, Witwatersrand University Press, 1995.

Elphick, Richard and Rodney Davenport (eds.), *Christianity in South Africa: A Political, Social and Cultural History*, Oxford, James Currey, Cape Town, David Philip, Berkeley and Los Angeles, University of California Press, 1997.

Feinstein, Charles, *An Economic History of South Africa: Conquest, Discrimination and Development*, Cambridge, Cambridge University Press, 2005.

Giliomee, Hermann, *The Afrikaners: Biography of a People*, Cape Town and Charlottesville, Tafelberg and University of Virginia Press, 2003.

Sundkler, Bengt, *Bantu Prophets in South Africa*, 2nd edition, London, Oxford University Press, 1961.

Sundkler, Bengt, *Zulu Zion and some Swazi Zionists*, Oxford, Oxford University Press, 1976.

Duminy, Andrew and Bill Guest (eds.), *Natal and Zululand from Earliest Times to 1910: A New History*, Pietermaritzburg, University of Natal Press, 1989.

Beinart, William, *The Rise of Conservation in South Africa: Settlers, Livestock, and the Environment 1770 - 1950*, Oxford, Oxford University Press, 2003.

Bozzoli, Belinda (ed.), *Town and Countryside in the Transvaal: Capitalist Penetration and Popular Response*, Johannesburg, Ravan Press, 1983.

Crais, Clifton, *The Power of Evil: Magic, State Power and the Colonial Imagination in South Africa*, Cambridge, Cambridge University Press, 2002.

Crais, Clifton, *The Culture of Fower in Southern Africa: Essays on State Formation and the Political Imagination*, Portsmouth N.H., Heinemann, 2003.

Marks, Shula, *Divided Sisterhood: Race, Class and Gender in the South African Nursing Profession*, Houndmills and London, Macmillan, 1994.

Crush, Jonathan and Charles Ambler (eds.), *Liquor and Labour in Southern Africa*, Athens, Ohio University Press and Pietermaritzburg, University of Natal Press, 1992.

Freund, Bill, *Insiders and Outsiders: The Indian Working Class in Durban*, London, James Currey, 1995.

Lewis, Gavin, *Between the Wire and the Wall: A History of South African 'Coloured' Politics*, Cape Town and Johannesburg, David Philip, 1987.

Packard, Randall M., *White Plague, Black Labour: Tuberculosis and the Political Economy of Health and Disease in South Africa*, Pietermaritzburg, University of Natal Press, 1990.

Dubow, Saul, (ed.), *Science and Society in Southern Africa*, Manchester, Manchester University Press, 2000.

Walker, Cherryl, *Women and Resistance in South Africa*, London, Onyx Press, 1982.

Walker, Cherryl (ed.), *Women and Gender in Southern Africa to 1945*, Cape Town, David Philip, 1990.

Pre-colonial South Africa

Hall, Martin, *The Changing Past: Farmers, Kings and Traders in Southern Africa, 200 –1860*, Cape Town, David Philip, 1987.

Mitchell, Peter, *The Archaeology of Southern Africa*, Cambridge, Cambridge University Press, 2002.

Early colonial South Africa

Elphick, Richard and Hermann Giliomee, *The Shaping of South African Society, 1652 –1840*, 2nd edition, Cape Town, Maskew Miller Longman, 1989.

Shell, Robert C.-H., *Children of Bondage: A Social History of the Slave Society at the Cape of Good Hope*, Hanover and London, Wesleyan University Press, 1995.

Worden, Nigel, *Slavery in Dutch South Africa*, Cambridge, Cambridge University Press, 1985.

Ross, Robert, *Cape of Torments: Slavery and Resistance in South Africa*, London, Routledge & Kegan Paul, 1982.

Mason, John Edwin, *Social Death and Resurrection: Slavery and Emancipation in South Africa*, Charlottesville & London, University of Virginia Press, 2003.

Crais, Clifton C., *White Supremacy and Black Resistance in Pre-Industrial South Africa: The Making of the Colonial Order in the Eastern Cape, 1770 – 1865*, Cambridge, Cambridge University Press, 1992.

Mostert, Noel, *Frontiers: The Epic of South Africa's Creation and the Tragedy of the Xbosa People*, London, Jonathan Cape, 1992.

Keegan, Timothy, *Colonial South Africa and the Origins of the Racial Order*, Cape Town and Johannesburg, David Philip, 1996.

Worden, Nigel and Clifton Crais (eds.), *Breaking the Chains: Slavery and its Legacy in the Nineteenth Century Cape Colony*, Johannesburg, Witwatersrand University Press, 1994.

Elbourne, Elizabeth, *Blood Ground: Colonialism, Missions, and the Contest for Christianity in the Cape Colony and Britain, 1799 –1853*, Montreal, McGill University Press, 2002.

215

Eldredge, Elizabeth A. , *A South African Kingdom: The Pursuit of Security in Nineteenth-Century Lesotho* , Cambridge, Cambridge University Press, 1993.

Etherington, Norman, *The Great Treks: The Transformation of Southern Africa* , *1815 - 1854* , Harlow, Longman, 2001.

Hamilton, Carolyn (ed.), *The Mfecane Aftermath: Reconstructive Debates in Southern African History* , Johannesburg and Pietermaritzburg, Witwatersrand University Press and University of Natal Press, 1983.

Hamilton, Carolyn, *Terrific Majesty: The power of Shaka Zulu and the Limits of Historical Invention* , Cambridge Mass. , Harvard University Press, 1998.

Delius, Peter, *The Land Belongs to Us: The Pedi Polity* , *the Boers and the British in the Nineteenth-Century Transvaal* , Johannesburg, Ravan Press, 1983.

Marks, Shula and Anthony Armore (eds.), *Economy and Society in Preindustrial South Africa* , London, Longman, 1980.

Biographies

Sanders, Peter, *Moshoeshoe: Chief of the Sotho* , London, Heinemann, 1975.

Thompson, Leonard, *Survival in Two Worlds: Moshoeshoe of Lesotho* , *1786 - 1870* , Oxford, Clarendon Press, 1975.

Van Onselen, Charles, *The Seed is Mine: The life of Kas Maine* , *a South African Sharecropper* , *1894 - 1985* , Cape Town, David Philip, 1996.

Parsons, Neil, Thomas Tlou and Willie Henderson, *Seretse Khama* , *1921 - 1980* , Gaborone, The Botswana Society, 1995.

Couzens, Tim, *The New African: A Study of the Life and Work of H. I. E. Dhlomo* , Johannesburg, Ravan Press, 1985.

Lodge, Tom, *Mandela: A Critical Life* , Oxford, Oxford University Press, 2006.

Dhupelia-Mesthrie, Uma, *Gandhi's Prisoner? The life of Gandhi's Son Manilal* , Cape Town, Kwela, 2004.

Ethnographies and anthropology

Hunter, Monica, *Reaction to Conquest: Effects of Contact with Europeans on the Pondo of South Africa* , London, Oxford University Press, 1935.

Krige, E.J. and J.D. Krige, *The Realm of the Rain Queen: A Study of the Pattern of the Lovedu Society* , Oxford, Oxford University Press of the International African

216

Institute, 1943.

Barnard, Alan, *Hunters and Herders Of Southern Africa: A Comparative Ethnography of the Khoisan Peoples*, Cambridge University Press, 1992.

Kuper, Adam, *Wives for Cattle: Bridewealth and Marriage in Southern Africa*, London, Routledge & Kegan Paul, 1982.

1870 – 1920

Thompson, Leonard, *The Unification of South Africa, 1902 – 1910*, Oxford Clarendon Press, 1960.

Worger, William H., *South Africa's City of Diamonds: Mine Workers and Monopoly Capitalism in Kimberley, 1867 – 1895*, New Haven and London, Yale University Press, 1987.

Turrell, Robert V, *Capital and Labour on the Kimberley Diamond Mines, 1871 – 1890*, Cambridge, Cambridge University Press, 1987.

Van Onselen, Charles, *Studies in the Social and Economic History of the Witwatersrand, 1886 – 1914*, Volume I, New Babylon, Volume II, New Nineveh, London, Longman, 1982.

Guy, Jeff, *The Destruction of the Zulu Kingdom: The Civil War in Zululand, 1879 –1884*, London, Longman, 1979.

Bonner, Philip, *Kings, Commoners and Concessionaries: The Evolution and Dissolution of the Nineteenth-Century Swazi State*, Cambridge, Cambridge University Press, 1987.

Marks, Shula, *Reluctant Rebellion: The 1906 –8 Disturbances in Natal*, Oxford, Clarendon Press, 1987.

Pakenham, Thomas, *The Boer War*, Weidenfield & Nicholson, 1979.

Marks, Shula and Richard Rathbone (eds.), *Industrialisation and Social Change in South Africa: African Class Formation, Culture and Consciousness, 1870 – 1930*, London, Longman, 1982.

Bundy, Colin, *The Rise and Fall of the South African Peasantry*, London, Heinemann, 1979.

Beinart, William, *The Political Economy of Pondoland, 1860 – 1930*, Cambridge, Cambridge University Press, 1982.

Atkins, Keletso, *The Moon is Dead! Give Us Our Money!: The Cultural Origins of an African Work Ethic, Natal, South Africa, 1843 –1900*, London, James Currey, 1993.

Shillington, Kevin, *The Colonisation of the Southern Tswana*, *1870 - 1900*, Johannesburg, Ravan Press, 1985.

Keegan, Timothy J., *Rural Transformations in Industrialising South Africa: The Southern Highveld to 1914*, Johannesburg, Ravan Press, 1986.

Harries, Patrick, *Work*, *Culture and Identity: Migrant Labourers in Mozambique and South Africa*, *c. 1860 - 1910*, Johannesburg, Witwatersrand University Press, 1994.

De Kiewiet, Cornells W., *The Imperial Factory in South Africa: A Study in Politics and Economics*, Cambridge, Cambridge University Press, 1937.

Krikler, Jeremy, *Revolution from Above*, *Rebellion from Below: The Agrarian Transvaal at the Turn of the Century*, Oxford, Clarendon Press, 1993.

Campbell, James T., *Songs of Zion: The African Methodist Episcopal Church in the United States and South Africa*, New York and Oxford, Oxford University Press, 1995.

Smith, Iain, *The Origins of the South African War*, *1899 - 1902*, London and New York, Longman, 1996.

Nasson, Bill, *Abraham Esau's War: A Black South African War in the Cape*, *1899 - 1902*, Cambridge, Cambridge University Press, 1991.

Beinart, William and Colin Bundy, *Hidden Struggles in Rural South Africa: Politics and Popular Movements in the Transkei and Eastern Cape*, *1890 - 1930*, London, James Currey, 1987.

1920 - 1980

Lewis, Jon, *Industrialisation and Trade Union Organisation in South Africa 1924 - 1955: The Rise and Fall of the South African Trades and Labour Council*, Cambridge, Cambridge University Press, 1984.

Delius, Peter, *A Lion among the Cattle: Reconstruction and Resistance in the Northern Transvaal*, Johannesburg, Ravan Press, 1984.

Krikler, Jeremy, *White Rising: The 1922 Insurrection and Racial Killing in South Africa*, Manchester, Manchester University Press, 2005.

Bradford, Helen, *A Taste of Freedom: The ICU in Rural South Africa*, *1924 - 1930*, Johannesburg, Ravan Press, 1996.

Bonner, Philip, Peter Delius and Deborah Posel, *Apartheid's Genesis*, *1935 - 1962*, Johannesburg, Ravan, and Witwatersrand University Press, 1993.

Landau, Paul, *The Realm of the World: Language*, *Gender and Christianity in a Southern*

African Kingdom, Cape Town, David Philip, 1995.

Chanock, Martin, *The Making of South African Legal Culture*, *1902 - 1936: Fear*, *Favour*, *and Prejudice*, Cambridge, Cambridge University Press, 2001.

Glaser, Clive, *Bo-Tsotsi: The Youth Gangs of Soweto*, Cape Town, Oxford and Portsmouth, David Philip, Heinemann and James Currey, 2000.

Kynoch, Gary, *We are Fighting the World: A History of the Marashea Gangs in South Africa*, *1947 - 1999*, Athens & Pietermaritzburg, Ohio University Press & KwaZulu-Natal University Press, 2005.

Lodge, Tom, *Black Politics in South Africa since 1945*, London and New York, Longman, 1993.

Frederickson, George M., *Black Liberation: A Comparative History of Black Ideologies in the United States and South Africa*, New York and Oxford, Oxford University Press, 1995.

Berger, Iris, *Threads and Solidarity: Women in South African Industry*, *1900 - 1980*, London, James Currey, 1992.

O'Meara, Dan, *Volkscapitalism: Class*, *Capital and Ideology in the Development of Afrikaner Nationalism*, *1934 - 1948*, Cambridge, Cambridge University Press, 1983.

O'Meara, Dan, *Forty Lost Years: The Apartheid State and the Politics of the National Party*, *1948 - 1994*, Johannesburg, Ravan, 1995.

Posel, Deborah, *The Making of Apartheid*, *1948 - 1961: Conflict and Compromises*, Oxford, Clarendon Press, 1991.

Murray, Colin, *Black Mountain: Land and Class and Power in the Eastern Orange Free State*, *1880s - 1980s*, Edinburgh, Edinburgh University Press, 1992.

Murray, Colin, *Families Divided: The Impact of Migrant Labour in Lesotho*, Cambridge, Cambridge University Press, 1981.

Marks, Shula and Stanley Trapido (eds.), *The Politics of Race*, *Class and Nationalism in Twentieth Century South Africa*, London, Longman, 1987.

Moodie, T. Dunbar, *The Rise of Afrikanerdom: Power*, *Apartheid and Afrikaner Civil Religion*, Berkley, Los Angeles and London, University of California Press, 1975.

Walshe, Peter, *The Rise of Nationalism in South Africa: The African National Congress*, *1912 - 1952*, London, Hurst, 1970.

Dubow, Saul, *Racial Segregation and the Origins of Apartheid in South Africa*, *1919 - 1936*, London, Macmillan, 1989.

Lipton, Merle, *Capitalism and Apartheid*, Aldershot, Macmillan, 1985.

Robinson, Jennifer, *The Power of Apartheid: State, Power, and Space in South African Cities*, Oxford, Butterworth, 1996.

Jones, Stuart and Andre Miller, *The South African Economy, 1910 - 90*, London, Macmillan, 1989.

Crush, Jonathan, Alan Jeeves and David Yudelman, *South Africa's Labor Empire: A History of Black Migrancy to the Gold Mines*, Boulder, San Francisco and Oxford, Westview Press and Cape Town, David Philip, 1991.

Wilson, Francis, *Labour in the South African Gold Mines, 1911 - 1969*, Cambridge, Cambridge University Press, 1972.

Moodie, T. Dunbar with Vivienne Ndatshe, *Going for Gold: Men, Mines and Migrancy*, Johannesburg, Witwatersrand University Press, 1994.

South African Democracy Education Trust, *The Road to Democracy in South Africa*, Volume I (1960 – 1970), Cape Town, Zebra Press, 2004.

POST – 1980

De Wet, Chris, *Moving Together, Drifting Apart: Betterment Planning and Villagisation in a South African Homeland*, Johannesburg, Witwatersrand University Press, 1995.

Wilson, Francis and Mamphela Ramphele, *Uprooting Poverty: The South African Challenge*, Cape Town and Johannesburg, David Philip, 1989.

Iliffe, John, *The African Aids Epidemic: A History*, Athens, Oxford and Cape Town, Ohio University Press, James Currey and Double Storey, 2006.

Nattrass, Nicoli, *The Moral Economy of AIDS in South Africa*, Cambridge, Cambridge University Press, 2004.

Niehaus, Isak, *Witchcraft, Power and Politics: Exploring the Occult in the South African Lowveld*, Cape Town, David Philip, 2001.

Ashforth, Adam, *Witchcraft, Violence, and Democracy in South Africa*, Chicago and London, University of Chicago Press, 2005.

Johnson, R.W. and Lawrence Schlemmer, *Launching Democracy in South Africa: The First Open Election, April 1994*, New Haven and London, Yale University Press, 1996.

Van Kessel, Ineke, *'Beyond Our Wildest Dreams': The United Democratic Front and the Transformation of South Africa*, Charlottesville and London, University of Virginia Press, 2000.

Lodge, Tom, *Politics in South Africa: From Mandela to Mbeki*, Cape Town and Oxford,

David Philip and James Currey, 2002.

Murray, Martin, *The Revolution Deferred: The Painful Birth of Post-Apartheid South Africa*, London and New York, Verso, 1994.

Marx Anthony W., *Lessons of Struggle: South African Internal Opposition, 1960 - 1990*, New York and Oxford, Oxford University Press, 1992.

Bozzoli, Belinda, *Theatres of Struggle and the End of Apartheid*, Edinburgh, Edinburgh University Press, 2004.

Mbeki, Govan, *Sunset at Midday: Lastshon' ilang'emini*!, Braamfontein, Nolwazi, 1996.

Bunting, Fran, *Robben Island and Popular Resistance to Apartheid*, Cambridge, Cambridge University Press, 2003.

Posel, Deborah & Graeme Simpson (ed.), *Commissioning the Past: Understanding South Africa's Truth and Reconciliation Commission*, Johannesburg, Witwatersrand University Press, 2002.

Seekings, Jeremy and Nicoli Nattrass, *Class, Race, and Inequality in South Africa*, New Haven and London, Yale University Press, 2005.

Coombes, Annie E., *History after Apartheid: Visual Culture and Public Memory in a Democratic South Africa*, Johannesburg, Witwatersrand University Press, 2004.

Waldmeir, Patti, *Anatomy of a Miracle: The End Of Apartheid and the Birth of a New South Africa*, New York, W.W. Norton, 1997.

Culture

Coplan, David, *In Township Tonight! South Africa's Black City Music and Theatre*, London, Longmans, 1985.

Coplan, David, *In the Time of Cannibals: The World Music of South Africa's Basotho Migrants*, Chicago and London, University of Chicago Press, 1994.

Erlmann, Veit, *African Stars: Studies in Black South African Performance*, Chicago, University of Chicago Press, 1991.

Erlmann, Viet, *Nightstars: Performance, Power and Practice in South Africa*, Chicago, Chicago University Press, 1996.

Hofmeyr, Isobel, *'We Spend our Years as a Tale that is Told' : Oral Historical Narrative in a South African Chiefdom*, Johannesburg, Witwatersrand University Press, 1993.

Nixon, Rob, *Homelands, Harlem and Hollywood: South African Culture and The World Beyond*, New York and London, Routledge, 1994.

Nettleton, Anitra and David Hammond-Tooke, *African Art in Southern Africa: From Traditional to Township*, Johannesburg, Ad. Donker, 1990.

Grundlingh, Albert, Andre Odendaal and Burridge Spies, *Beyond the Tryline: Rugby and South African Society*, Johannesburg, Ravan, 1995.

Ballantine, Christopher, *Marabi Nights: Early South African Jazz and Vaudeville*, Johannesburg, Ravan, 1993.

Memoirs and autobiographies (a very personal short selection)

Mattera, Don, *Gone with the Twilight: A Story of Sophiatown*, London, Zed Books, 1987.

Kuzwayo, Ellen, *Call Me Woman*, London, The Woman's Press, 1985.

Malan, Rian, *My Traitor's Heart*, London, The Bodley Head, 1990.

Ramphele, Mamphela, *My Life*, Cape Town, David Philip, 1995.

Mandela, Nelson, *Long Walk to Freedom: The Autobiography of Nelson Mandela*, London, Little Brown & Company, 1994.

Mphahlele, Ezekiel, *Down Second Avenue*, Berlin, Seven Seas, 1959.

索　引